シミズくんとヤマウチくん

われら非実在の恋人たち

山内尚［漫画］
清水えす子［文］

もくじ

プロローグ 007
ある日の反転 008
われら非実在の恋人たち 015

第1話 シミズくんとヤマウチくん 017
ぼくらの関係 018
あらがうためのウェディングドレス 024

第2話 ヤマウチくんはノンバイナリー 031
ノンバイナリーであること 032

ノンバイナリーってなんだっけ　043
奇妙なふたり　050

第3話
こんな社会で生きています　061

家族になりたい　062
パレードというもの　073
生活と愛の話　082
私たちの勇敢なるお茶会　090

第4話
魂が貴族
——あるいは異形たちの生活　097

異形が二匹　099

生活の話 103
貴族、そして妙にストイックなオタク 106
厄介な双子 110
けものになろうよ 113
私の半身Ⅰ 118
私の半身Ⅱ 120
飲む石、眠る魅力的な蝙蝠 124
家人が金髪 129
さみしいときの話 132

第5話 ふたりで暮らす 139

ヒヤシンス先生のこと 140
亡霊と妖精 146

食器棚と食器と喪失 150
いつかの家 154
ヤマウチくん療養録 159
詩情に殉じて生きのびる 168

エピローグ 179

胡蝶の夢 180
あのころ魔女になりたかったの 187

あとがき 192
おまけ　寝床のとりあつかい 195

プロローグ

ある日の反転

えす子ちゃん もし家を 買うなら どうする？
ずいっ
どうするって 家買うって 大変な話よ？
この子…
もしもの 話だよ～
尚はそういう話 好きだよねえ 叶うかも わかんないのに
想像するのが 楽しいんだよう
わき わき

…私はふたりそろって反転してる世界を想像するよ
くるりと
反転ってどんな？
生まれたときに割り当てられた性別が男なの
きっとそこでもあたしはノンバイナリーなんだろな～
私は引き続き詩情に殉じて死ねなかった
医者をやっているんですよ
はは…

えす子ちゃん
いつも通り
かわいそうね
はらり
はらり
よし
よし
そうしたら
あたしは
漫画家かあ
もぞ
やっぱり
少年漫画とか
じゃなくて
青年誌か女性誌で
描いてるのかな
※少女マンガでデビューして女性誌で今描いてる
彼らのことは
「シミズくんと
ヤマウチくん」と
名付けて
あげようかね

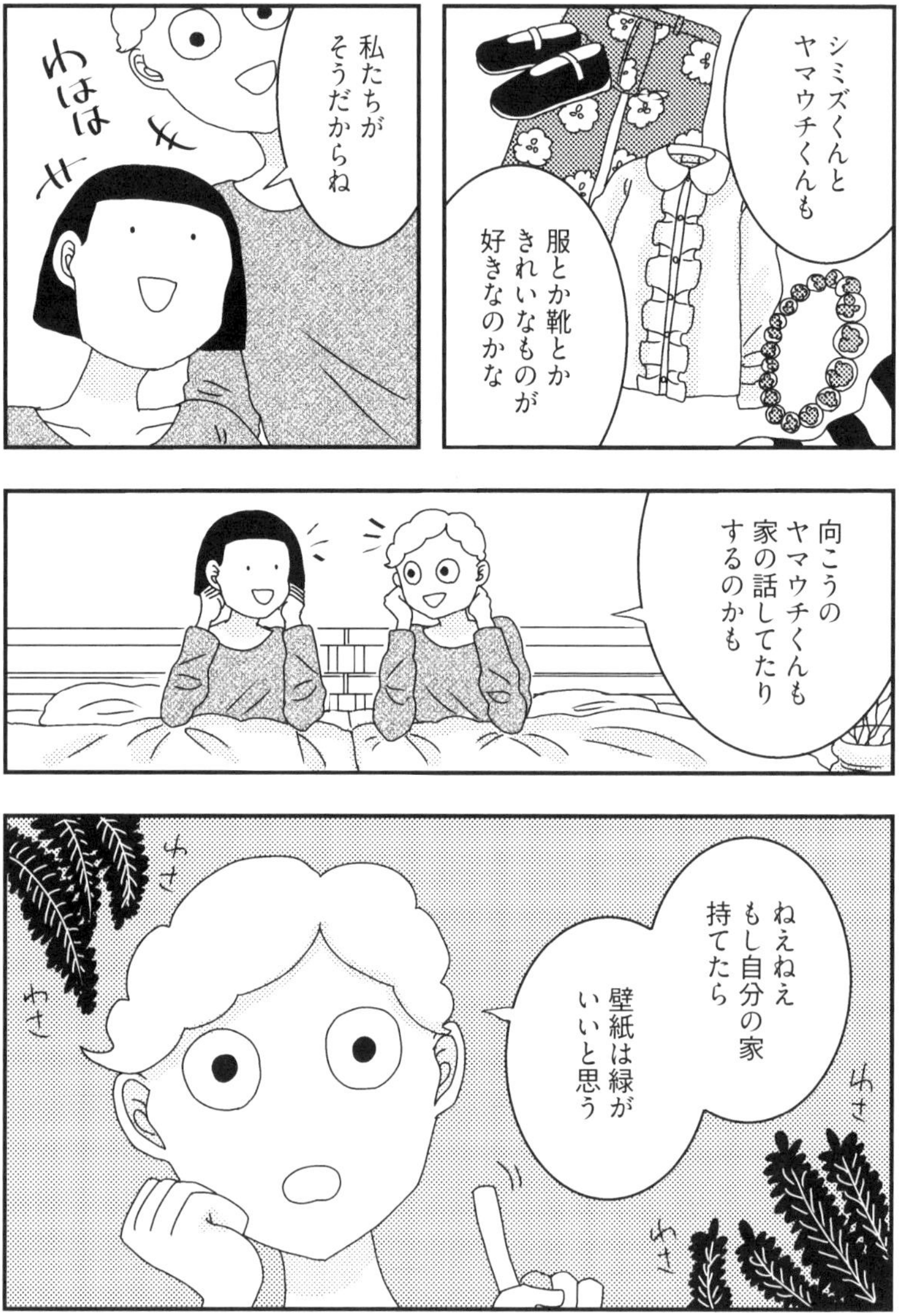
シミズくんと
ヤマウチくんも
服とか靴とか
きれいなものが
好きなのかな
私たちが
そうだからね
わはは
向こうの
ヤマウチくんも
家の話してたり
するのかも
ねえねえ
もし自分の家
持てたら
壁紙は緑が
いいと思う
ゆさ
ゆさ
ゆさ
ゆさ

まーた君は
その話をして
もー…
だめか？
……もう
遅いから
寝ようか
すこー
ぐにゃ

なんかおれたちが反転してる夢見た気がする…
パッ
あっ シミズ おはよう!!
ずいっ
ヤマウチは今日も元気ね…
はは…
そーお?

われら
非実在の恋人たち

　家人がかつて祖母に交際相手の人となりを説明するよう求められたとき、非実在文学青年シミズくんが生まれた。この交際相手とは私のことだ。シミズくんは、私について性別を伏せて語ったところの産物である。我々はふたりとも、出生時に女性と割り当てられた者として生きている。

　いわゆる「異性」同士ではないパートナーシップを築いている友人知人に尋ねると、似たような経験は決して珍しくないようである。非実在の恋人たちはそのあたりにたくさんいる。彼ら彼女らは生まれたはいいものの生きているわけではなく、従って死にもせず、一生その姿を眼差《まなざ》されないままただふわふわと漂い続けている。

　たとえば職場のような、内面をさらけ出したくはないが最低限の付き合いはしなくてはいけない場所にて非実在の恋人の存在を立ち上らせるたび、自分自身こそ不確かで本当は世界のどこにもいないもののように思えてくる。今ふと、そうやって自分のつま先が蜃気《しんき》楼《ろう》みたいに揺らいだように錯覚するときというのは、女性である私が、ともに出生時に男性と割り当てられた私と家人とが恋人同士である世界へと、非実在の恋人として出張しているる瞬間なのかもしれない、と思いついた。シミズくんは同僚のどうしようもない雑談に気のない相槌《あいづち》を打ちながら、自宅でトーンくずとインクにまみれて締切に追われるヤマウチくんに持って帰るコンビニスイーツのことを考えている。私が呼び出している非実在の恋人も、別の世界では誰かの実在の恋人というわけだ。私からみると無色透明な幽霊未満の存在にも、人生や感情や愛があるのかもしれない。

第1話

シミズくんとヤマウチくん

ぼくらの関係

重っ ちょっと なにしてんの
唐突すぎるだろ
おれ今 眠り姫だから そういうことで よろしく
そう言いつつ 茶番に付き合う ところ好きよ
シミズくん
精神科医
仕事の行きたくなさで
心がいっぱいになる
ヤマウチくん
漫画家
家の中で細々と
漫画を描いている

ワァ
ワァイ
服屋さん
おふたりとも
すっごく仲良し
ですよね！
店員さん
どういう
ご関係
なんですか？
そちらこそ
どんな
おつもりで
訊いてるん
ですかね
はは…
いちいち
よお
こちとら
ただ買い物を
楽しんでる
だけなんだが
説明したる
くどくどと
あ〜っ
あ〜っ

えっと…
ルームメイトなんですよ
ルームシェア流行ってますもんね～
納得
納得
でも友達と暮らすって喧嘩したりとか大変そう
家事とか
彼女ができたときとか～～
おれたちはけっこう仲良くやってますよ
にこー
もう四年くらいいっしょに住んでますねえ
あはは
えーすごいですね
店員さん

※二〇二四年三月現在は、同居開始から八年経過

in風呂
シミズさあ眉間のところすごいよ
ぐりぐり
今にもしわが定着しそうだよ
…ヤマウチは怒んないの
え
すっげー怒ってるよ?
お前におれらの関係が関係あるんかいって思った
むすっ

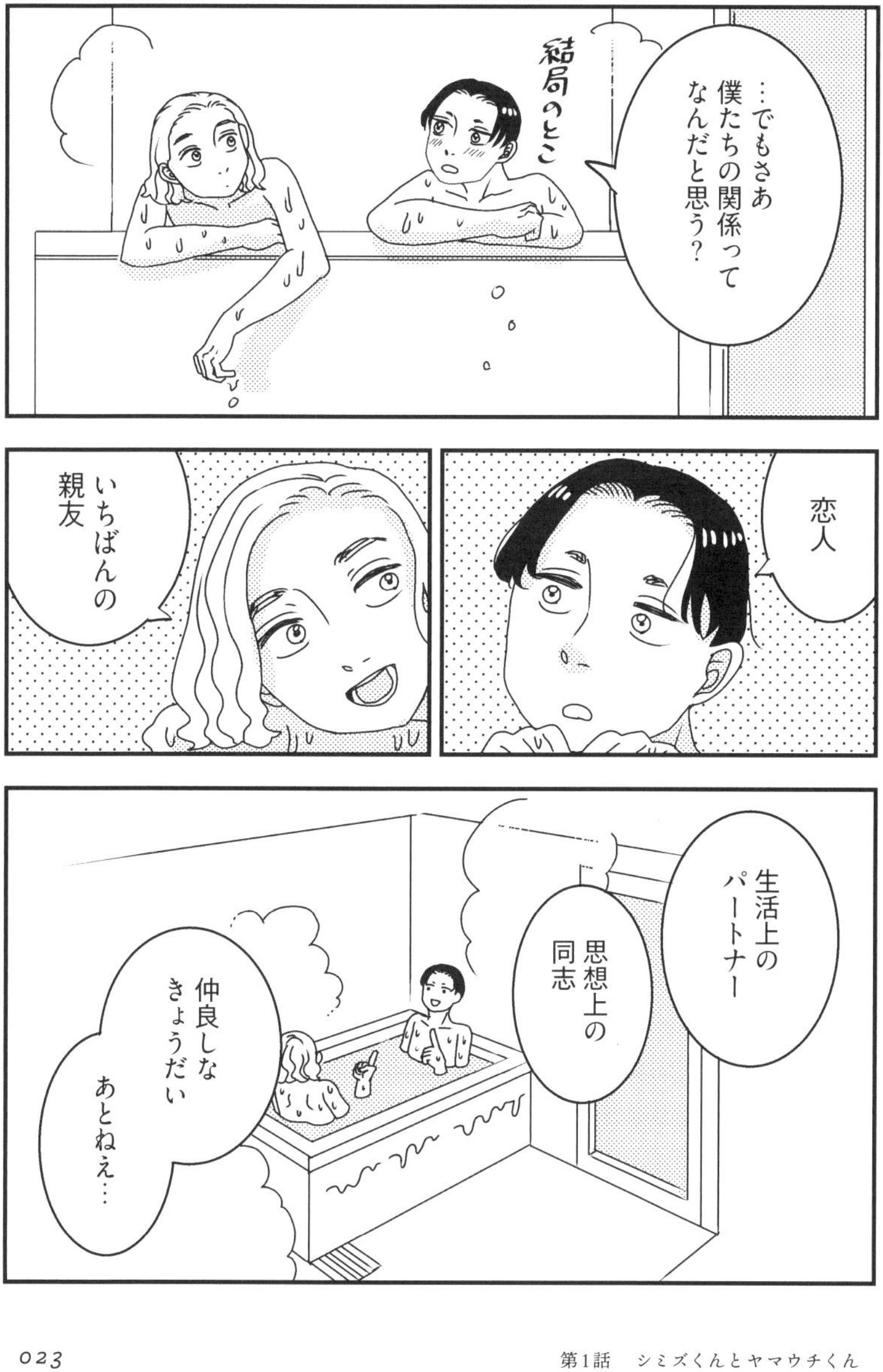
…でもさぁ
僕たちの関係って
なんだと思う?
結局のとこ
恋人
いちばんの
親友
生活上の
パートナー
思想上の
同志
仲良しな
きょうだい
あとねぇ…

あらがうための
ウェディングドレス

二〇二一年の暮れごろ、ヴィンテージのウェディングドレスを二着、古着屋で買った。家人が選んだ一着は、するりとした生成《きなり》色の生地でできていて、全体にはすっきりとしたシルエットながらも、胸元から二の腕にかけては贅沢に布が揺れるデザインがなんとも優雅だった。なだらかに切れ込みが入ったデコルテから、ハイネックになった首元までの肌、そして二の腕から手首にかけての肌を、同じく生成りのレースが繊細に透かした。私が選んだのはたっぷりとしたサテンのドレスで、小さなやさしい純白の海みたいな布地には、動くたび甘い灰色の影がやわらかく落ちた。布とレースとリボンが一緒になって、スクエアカットになった胸元や、手首のでっぱった骨がのぞくくらいの丈の袖、ひいていく波のような豊かな裾がかたちづくられる。

ふたりでとびきりめかしこんで、特別な写真を撮ろう、という話はたびたび出ていた。いわゆるウェディングフォトというやつ。実のところ、ウェディング、という言葉にはよそよそしさを感じる。より率直に言えば、その単語を発するたび、苦々しいような、そして挑むような気持ちにさえなる。

私は異性愛者ではない。いわゆる「異性」に惹かれた記憶と経験には乏しく、今後そうなる可能性も低いだろう。かといって、パートナーであるところの家人は同性とも言い切れない。性別のあわいを旅する愛らしい生きもの。私は家人に手をひかれ、そして時には家人の手をひきながら、日々、その旅路を伴走する。その道のりはおおむね愉快で、私たちは笑ったり騒いだりに忙しい。しかしふとした瞬間に、底の見えない、大きくて暗い穴が自分たちのすぐそばに待ち構えていることに気がついてしまう。たとえば、女が好きな女だからという理由で犯されて殺された誰かが世界のどこかに今日もいたと聞いたとき。たとえば、私や私の友達が該当するような属性をひどく貶《おとし》める発言をした政治家が、とくに政治家生命を絶たれるでもなく平然としているのを見たとき。友達がそのまた友達の訃報《ふほう》について語る際の、深い深い怒りと悲しみを帯びた目くばせだけで、その見知らぬ誰かを死に追いやったものが何なのかが察せられたとき。そういったとき、私は大きく息をのむ。そしてそのまま、息をこらえてやり過ごす。真っ暗な穴に、そこに私がいることに気が付かれて、そのまま呑み込まれてしまわないように。

法律婚をした友達の結婚式にて心からの祝福の涙を流すのと同じ目で、「ウェディング」が提示する「幸福」や「正常」から自分たちが排斥される光景を眺め続けている。

しかしここでひとつ告白をすると、私は家人と結婚式を挙げたことがあるのだ。もう九年は前になるか。あるとき、ふたりの青年と知り合った。私たちと同じ年くらいの彼らは、「ウェディング」から排斥され続けてきた存在に結婚式を提供することを志しており、自分たちの事業をスタートさせるにあたってのモデルケースを探していた。そして、私と家人はそんなふたりの前にふと現れた、若さと無知さゆえに物怖《ものお》じしない、クィアなカップルだった。慌ただしく熱っぽく式にむけてひた走った今よりもなお未熟な日々のこと、そしてその結実としての式、そのことは今でも懐かしく思い出す。しかしそれでもこの九年間、「ウェディング」からの排斥を、私は変わらず感じ取っている。むろんあの場にいた誰も、結婚式を挙げることだけがすべてを解決する、などと思っていたはずがない。そして結婚式それ自体は、たくさんの星がやわらかく降りそそぐような、得難く、優しい経験だった。それを踏まえたうえでも、私たちがすべきは、おそらく一般的な儀式だからと最初から式に組み込まれていたファーストバイトや、ふたりそろってドレスを着ていても問題なく会場内を行き来できるように控え目なボリュームのドレスを選ぶことではきっとなかった。それは、底の見えない大きな暗い穴をやり過ごすための、ひとつのバリエーションに過ぎなかった。

素晴らしい写真が無事に撮れた、という話をしてこの文章を終わらせよう。二〇二二年の五月、よく晴れた平日の早朝、薔薇が咲き誇り、海が見える公園。きっとそのシーズンでもっとも薔薇が綺麗な日だっただろうと根拠もなく信じている。そこにウェディングドレスを着たふたりが並んでいる光景は、いくらか現実離れしていたかもしれない。

家人は前述のウェディングドレスに、淡いベージュのシルクハットをかぶっていた。ハットにはたくさんの花が絵の具で鮮やかに描かれ、また同じく色とりどりの造花がそのつばからせり出している。よく見ると造花の葉には、緑や無色の透明な小さいビジューがのっており、ひょっとしたら朝露を模しているのかもしれなかった。帽子の天井にはやはり絵の具で、のびのびと飛ぶ燕《つばめ》が描かれている。目の粗い、オフホワイトのチュールが花の絵を覆うように張り付きながら帽子のうしろへと巡り、そのまま大きなリボンを形づくって外へ外へと張り出している。帽子の両サイドにそれぞれついている、麻でできた二本のリボンはあえて結ばず、そのまま垂らしていた。家人のドレスはタイトな作りで、動き方によっては一瞬、パンツスタイルのように見えなくもない。帽子の印象とあいまって、マニッシュにもフェミニンにも思える瞬間を行き来するのが、家人によく似合っていた。

私はカチューシャをつけていた。フリル状に畳まれた水色のリボンを土台に、くすんだピンクをしたベロアのリボンがふたつ、そしてやはり色とりどりの造花が飾られている。シルクハットのものよりも黄みが強いオフホワイトのチュールはリボン状に結ばれ、ぶわぶわと天に向かって咲いている。愛らしさとボリュームを重視したドレスに、この上なくしっくりくるカチューシャだ。カチューシャも、そして家人のかぶったシルクハットも、別に写真を撮るために手に入れたものというわけではなかったのだが。

写真を撮ってもらうならぜひこの人に、と決めていた写真家の人と合流し、そこからは、撮って、撮って、撮りまくった。大きな体で小鬼のように身軽に跳ぶその人に導かれ、公園を出て、歩道橋にのぼり、また別の公園に出て、横断歩道を駆けた。犬が糞《ふん》するのを眺めて重々しく頷《うなず》き、飛んできたテントウムシをつまんで優しく投げ、三人でくだらない話をして笑った。理不尽な差別に対する憤《いきどお》りの話もした。またたく間に時間は過ぎて、太陽が一番高くなるころ、大きな小鬼は飛び跳ねながら去っていった。それを見送ると、私と家人はちょっと笑いあって、そのまま昼ごはんの相談をはじめた。

第2話

ヤマウチくんはノンバイナリー

ノンバイナリーであること

どうしたの
ヤマウチ
なんで
泣いてるの
ぽろん
ぽろん
また〝男〟だって
言われた…

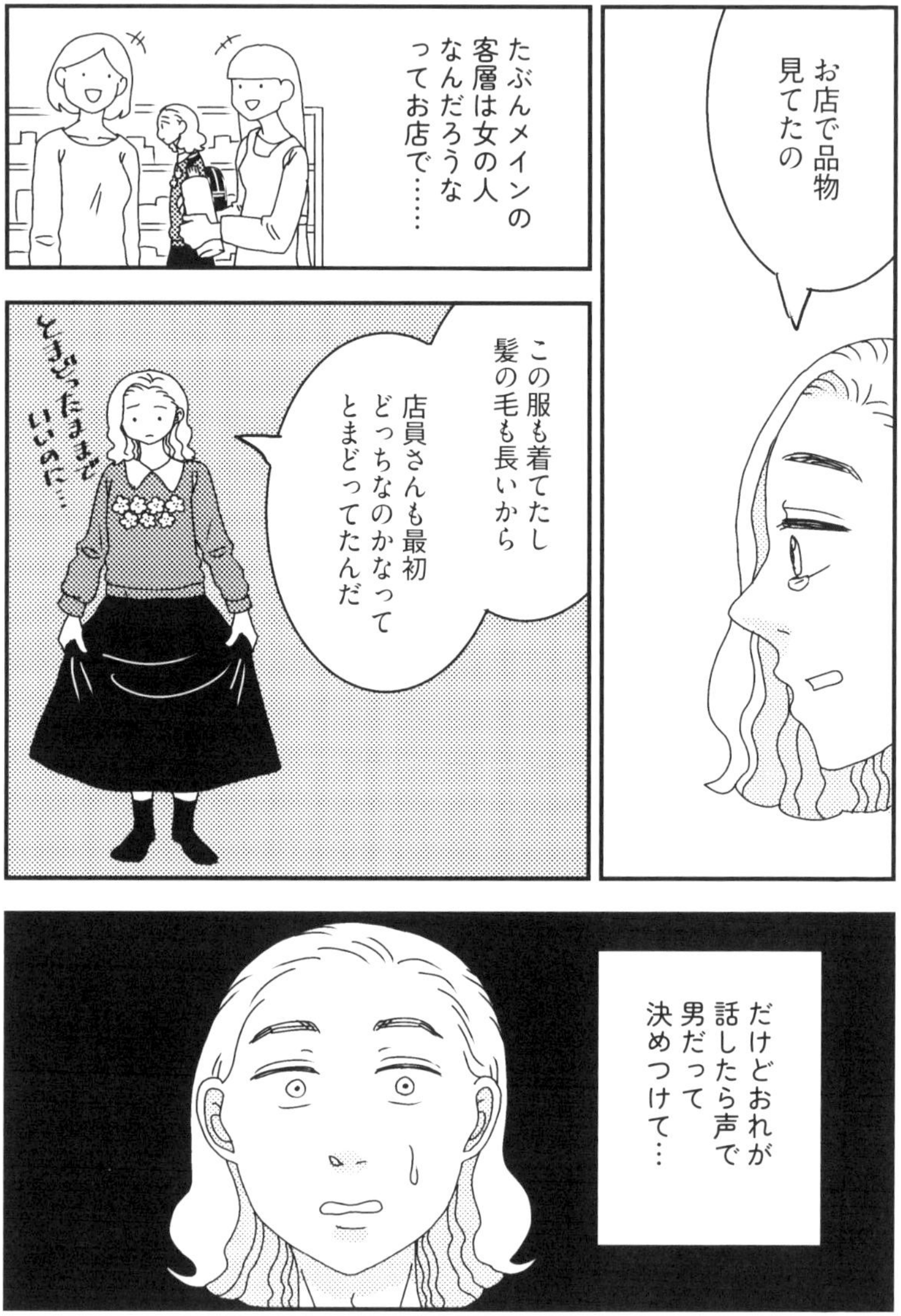

お店で品物見てたの
たぶんメインの客層は女の人なんだろうなってお店で……
この服も着てたし髪の毛も長いから
店員さんも最初どっちなのかなってとまどってたんだ
とまどったままでいいのに…
だけどおれが話したら声で男だって決めつけて…

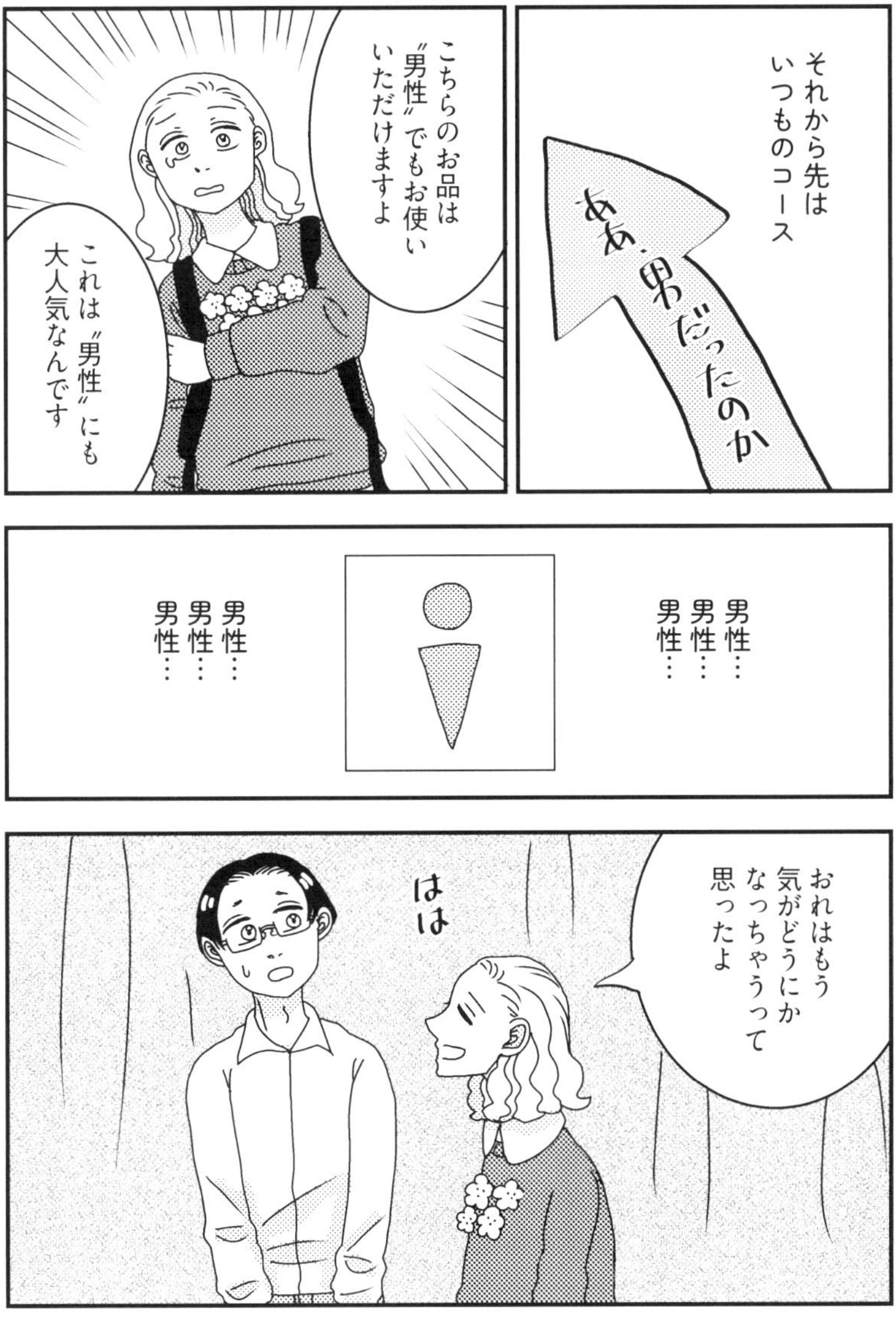
それから先は
いつものコース
ああ男だったのか
こちらのお品は〝男性〟でもお使いいただけますよ
これは〝男性〟にも大人気なんです
男性…男性…男性…
男性…男性…男性…
おれはもう気がどうにかなっちゃうって思ったよ
はは

おれはただ
男でも女でもない
そういう生き物で
いたいだけなの
社会がおれを
男のラベルで
べたべたに
してくるんだ
ぎゅ
僕はヤマウチが
性別のあわいを
行き来する
かわいい生き物
だって知ってるよ
ぐすっ

僕は絶対に君の味方だから
こうん〃
それに僕以外にもヤマウチのことわかってくれる友達いるでしょ
…うん

とにかく今は すーっごく ド派手なもの 着てパーッと 楽しいことする
じゃあふたりで 風呂入ったら ファッション ショーしようか
それ絶対 楽しいやつ!!
ほこ
ほこ
ぷは~~~~

さかさか

シミズ おれの装い どうよ
ヤマウチ 元気出た?
うん
なーんか 派手な服 着まくったら 地味めな服が 恋しい……
本当に ヤマウチは その時々で 変わるねえ
それって 悪いこと?
ううん! 見てて 楽しいよ

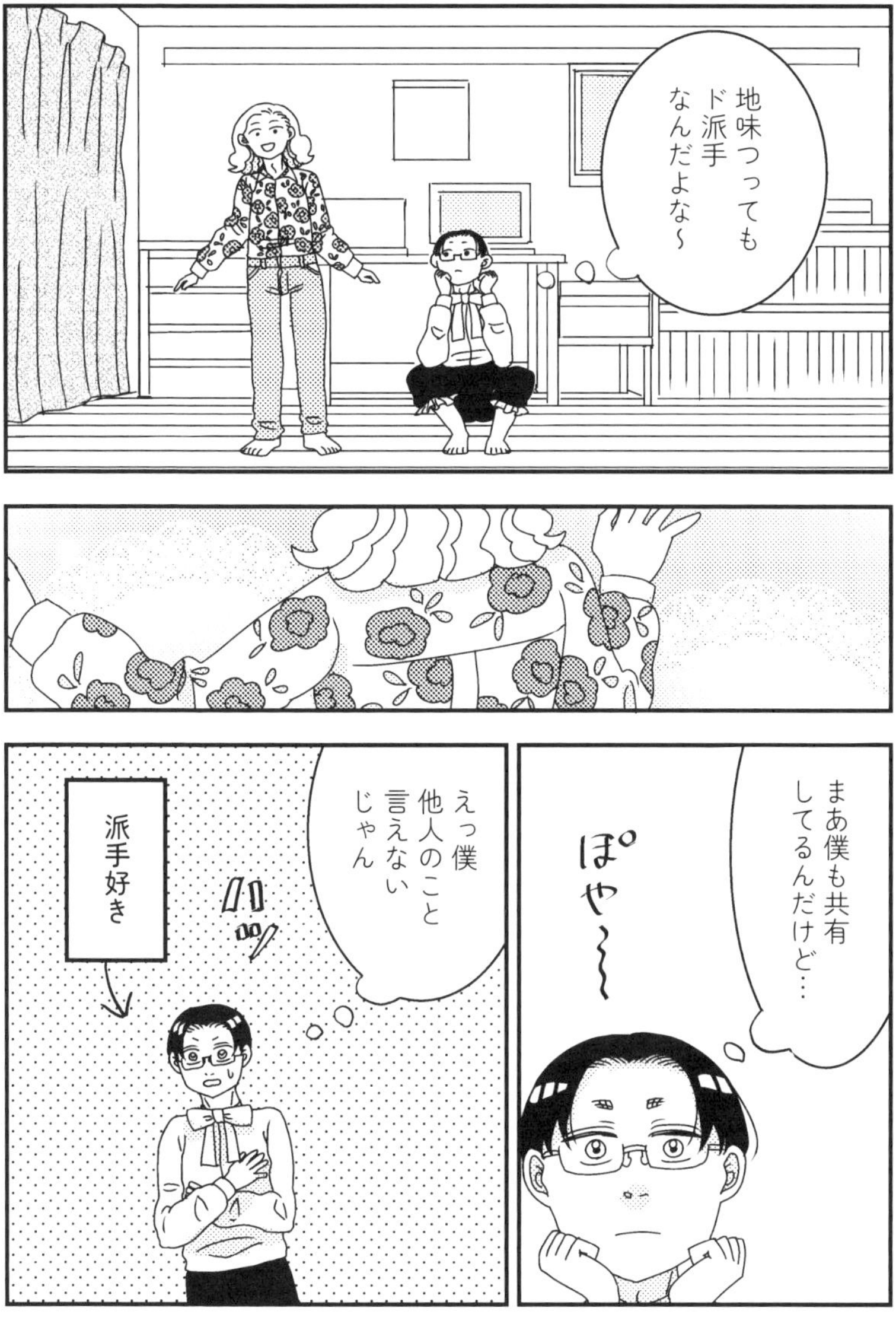
地味つっても
ド派手
なんだよな~
まあ僕も共有
してるんだけど…
ぽや~~
えっ僕
他人のこと
言えない
じゃん
派手好き

君が苦しく
ないなら
それが一番
生きたいように
生きていけるような
そういう社会が
これも いいなー
いいね
ぱち ぱち
この人のために
ありますように

ノンバイナリーって
なんだっけ

※このエッセイは山内尚が担当しています

ノンバイナリーってなんだっけ？　聞いたことはあるけど中身はよくわからないという方も多い単語かと思います。またはこの本を読んではじめて知ったという方もいるかもしれません。ノンバイナリーはすごくざっくりと説明するならば「男女二元論の枠に収まらない者」を指します。男女二元論というのは、この世にいるのは「男性」と「女性」だけという考え方のこと。そういうバイナリー（二元的）ではないので〝ノン〟バイナリーなわけです。どうでしょう。想像がつくでしょうか。レディー・ガガの曲で〝Til It Happens To You〟[*1]という曲があるのですが、そこに〝'Til it happens to you, you don't know / How it feels〟（あなたにそれが起こるまでそれがどんな気持ちにさせるのかあなたにはわかりっこない）という歌詞があって、これは他のことについて歌った曲ですが、私はそのことに思いを馳《は》せてしまいます。そう、ノンバイナリーであることはあなたがそうでないかぎり、わかりっこないのです。

前置きが長くなりましたが、つまりこの文章はノンバイナリーである方には読み飛ばしてもらっても結構、でもノンバイナリーではない方にはちょっと立ち止まってほしい文章だということです。わかりっこないけれど、でも相手の何を尊重したらいいのか知りたくありませんか。知っておけば、あなたのまわりにいるノンバイナリーの方たちが傷つかずに済むかもしれません。

まず私の話をしましょう。私は自分のことをノンバイナリーだと感じています。なぜなら、男でも女でもないと自分の事を感じるからです。漫画では出生時に男性として割り当てられたヤマウチくんが活躍してくれていますが、実際の私は出生時に女性として割り当てられた人間です。法律上の性別は女性で、実生活でも特にカミングアウトする機会がなければ女性として扱われます。大学を卒業するまで、私はほとんどの時間、自分のことをシスジェンダー[*2]女性だと思って暮らしてきました（ほとんどと書いたのは、高校生の時に「女の人が好きなら自分はトランスジェンダー[*3]男性なのだろうか」と思って少しだけ悩んだことがあるからです）。自分の他には誰も、自分と同じほどにはジェンダーアイデンティティやセクシュアリティについて表立って考えてくれる学友が出来なかった寂しさと悔しさを抱えたまま、一つの学部しか抱えていない狭い大学を脱出して、ふと我に返ると、そこには自分のことを語るための言葉を持たない人間がひとりぽつりと立っていたのでした。そこから三年ほど経ってようやく、私はジェンダーフルイドという言葉に出会います。インターネットの海でその単語に出会い、英語のオンライン辞書で引いたように思います。まだノンバイナリーの話が出ていないのに新しい単語を出してごめんなさいね、でもこれが私の話なので。ジェンダーフルイドというのはジェンダーアイデンティティが流動する者たちのことを指します。私だけの〝ジェンダーフルイドであること〟を取り出すならば、その日行く場所や会う相手によってジェンダー表現を調整して、フェミニンな装《よそお》いに寄せたりマスキュリンな恰好をしてみたりしながら、社会とその日の自分との折り合いをつけていく繊細な作業をすることです。最初に私が見つけた英語の辞書には〝その日によって女性であったり男性であったりするひとを指す〟と書いてありましたが、現在のものには〝ジェンダーアイデンティティが揺れ動くこと〟と書かれていました。最初に辞書を見つけた時から四〜五年経っているわけですが、やはり世の中は移ろいゆくのですね。そんなわけでジェンダーフルイドという心強い単語を手に入れた私はさらにインターネットの海を彷徨《さまよ》います。

なぜって、私がジェンダーフルイドという言葉の定義を探すために目にした辞書には〝その日によって女性であったり男性であったりするひとを指す〟と書かれていたからです。私はそれを求めてはいませんでした。私は男でも女でもない違うところに行きたかったのです。それからしばらくして、またもやインターネットで、新たにノンバイナリーという言葉を見つけました。見つけてしばらくはその言葉が自分のものだと思えず、遠巻きに見ていたように思うのですが、しばらくして自分のものだと気が付きました。現在は自分がジェンダーフルイドかつノンバイナリーであると感じています。これが、私がノンバイナリーへ辿り着くまでの道のりです。

さて、私の話はひとまずおいて、あなたがノンバイナリーについて持っている価値観をほぐしてみましょう。ノンバイナリーはいわゆる「ジェンダーレス」な装いをしているのか？　ホルモン治療をしているのか？　身体の手術は？　「どちらでもない」という性別なのか？　いろんな疑問があることかと思います。

まず、ノンバイナリーであるからといってジェンダーレスな恰好をしているわけではありません。例えば、私は繊細で優美な服や派手で愛らしい服を好んでいますし、それらは大抵レディースの棚に置いてあります。たまにメンズ服売り場で気に入ったメンズの服を買うこともあります。ノンバイナリーたちは自分がそのときに安全で安心だと思えたり、逆に危険を冒したとしても自分が表現したいと思う服を着ています。制服化されたスタイルはないのです。それぞれのノンバイナリーがそれぞれの表現をしています。ジェンダーレスな恰好っていったいなにかというと難しい話になりそうなので、ここで一旦切り上げましょう。

ホルモン治療をしているかどうかはそれぞれです。たとえば男性ホルモンを声が変わる程度まで投与して声が変わったらやめる方もいますし、定期的に投与してもらうことで自分の望む様子に近付けたいという方もいるでしょう。ただ私のように、ホルモン治療を行うことで声が恒久的に変化してしまうならばイヤだし髭《ひげ》が生えたらさらにイヤ、と思ってホルモン治療を行わない選択をする者もいます。ただしここで知っておいてほしいのは、治療を受けるにあたって、バイナリーなトランスジェンダーと比べて、ノンバイナリーたちにとっては医療のサポートをありのままで受けるのが困難である、ということです。大抵はノンバイナリーであることを隠して、自分に必要な支援を受けなくてはなりません。

身体への手術についても同様で、皆それぞれ、自分がこうありたいと望む手術をしたり、手術を望まなかったりしています。私はしばらく前、胸があるのがものすごく嫌でたまらなくなって手術が可能なクリニックで診てもらったことがあります。そのときに言われたのが「性別が揺れ動くならもしかしたら取った後にほしいと思うかもしれない」という一言でした。たしかに、と納得したため、一度は手術を保留とすることにしました。けれども、やはり胸があることに耐え切れなくなり、この本を書いている途中で手術を受けて、胸というか、乳房がない状態になりました。

「どちらでもない」という性別なのか、という言葉にはちょっと待ってと言いたくなります。なぜならどちらでもある者もいるし、性別がそもそもない者もいるし、私のように男でも女でもない場所を揺れ動く者もいるし、人間の枠に収まりきらない性別を持つ者もいるし、とにかくあり方がさまざまだからです。ここに書ききれないほど、〝ノンバイナリー〟という言葉はとても幅が広く深い言葉であり、多くの者を受け入れてくれます。

さて、これで疑問は解けたでしょうか。ノンバイナリーだと誰かからカミングアウトを受けたときに、「それで手術はしてるの」とか「男でも女でもどっちでもないってことね」とか不躾《ぶしつけ》なことを言わずに済みそうですか。とても短い文章ですが、あなたとだれかの関係が上手くいくことを心の底から祈っております。

＊1　Diane Warren & LadyGaga 作詞作曲。本文中の歌詞は筆者（山内）による抄訳
＊2　シスジェンダー…出生時に割り当てられた性別と同じ性自認を持つ者のこと
＊3　トランスジェンダー…出生時に割り当てられた性別とは異なる性自認を持つ者のこと

いわゆる「おつきあい」をはじめたとき、私たちは女性同士のカップルだった。外からは疑いなくそう見えていただろうし、自分たちでもそう思っていた。あのころ私はクィアな大人たち（自分自身も成人はしていたが、まだ幼いと言っていいくらい未熟だったころのことなので、あえてこの表現を使わせてもらいたい）との交わりのなかで、おそらくはじめて「ロールモデル」という単語に触れ、そして「ロールモデルの不在」を重大な事態としてとらえる数々の言葉を耳にした。たしかにたいへんなことだ、とそのとき私は痛感していた。自分が世界から見てまったく異質な存在かもしれないと思うのは。しかもそれが「いけないこと」として責められたり嘲笑されたりする場面をしばしば目《ま》の当たりにするのは、自分の存在を歓迎してくれる家々の灯りはおろか、見守ってくれるささやかな月明かりさえない、夜ふけの道なき道を、それもどこに化け物が潜《ひそ》んでいるともしらない道を、あてもなくひとりで行くことにおおむね等しい。

大学生になって一年も経たないくらいだった家人は、そのころずいぶんと大人びた装いをしていたように記憶している。淡い水色やピンクの幾何学的な模様がプリントされた、布が落ちるようなデザインの膝丈ワンピース。鮮やかなオレンジ色のタイトスカートに、黒のブーティ。はっとするような色づかいの好みは当時からだが、現在の傾向からするとずいぶんと街の背景に溶け込む、いかにも常識的な装いだった。対する私はというと、古着を好み繊細なフリルやレースや刺繍《ししゅう》やビーズづかいに代表されるようなロマンティックをとくに好み、どこかにある至上の「ほんとうにしたい装い」を追い求めつつ、経済的にも、また組み合わせの妙を得るに至る技術やセンスにおいても不足していて、もどかしさと渇きとにしょっちゅう振り回されていたのだった。

古着屋に行くことを提案したのは、きっと私の方だっただろう。色褪《あ》せながら色鮮やかで、古ぼけているのに他のどこにもなくて、豊かで、しかし底の見えない古着の海に潜《もぐ》ることに、家人はすぐ夢中になった。家人とふたりで古着屋をめぐると、それまで手が出なかった海域にまで宝探しに出かけたり、いつもは素通りしていた岩陰のむこうに色鮮やかな珊瑚《さんご》の群生を見つけたりとでもいったようなことがいくらでも起きた。

ひどく口惜しい思いをすることもあった。私たちの手元に来なかった、忘れられない一着、というのがいくつかある。そのなかでも真っ先に思い浮かぶのが、Ralph Lauren の紫色をしたベロアのジャケットだ。花火のうしろの夜闇のような紫はしっとりとなめらかで、正面に連なる金色の釦《ぼたん》たちの瑕疵《かし》のない球形は、線香花火のあの落ちかける寸前に眩《まばゆ》く光る球を思わせないこともなかった。店頭で羽織らせてもらったら、どちらかというと小柄なほうのわれわれにぴったりのサイズだった。私たちふたりともによく似合って、ことに家人の気に入りようったらなかった。しかしその日、同じ店で家人はすでに煉瓦《れんが》色の、ちょっとオーバーサイズでマニッシュな印象を受けるジャケットを手に取っており、上着を二着も、というのは当時まだ学生だった私たちの限られた予算からすると到底、叶わない話であった。迷いに迷って、紫色の上着をラックに戻し、私たちは店をあとにした。後日、またバイト代が入るなどしてから購入しよう、などと甘い見通しを口々にかわしながら。そう。甘い甘い甘い甘い甘すぎる。甘すぎるにもほどがある。古着との出会いなんて一期一会の最たるものだ。案の定、次にその場所へと出向いたときは、もう件のジャケットは影もかたちもなかった。家人はいまだにあのジャケットの夢をみるという。今の私たちは、欲しくて仕方ないけれど購入を迷うものに相対したとき、逃《のが》したら夢にみそうか、を自分たちに問いかけてから手に取るかどうかを判断することにしている。

家人がいわゆる「女性的」な要素を纏《まと》うことを避け、むしろ「男性的」とされる要素を装いへと積極的に取り入れようとするときがあることを、私がはじめて意識したのはいつだっただろうか。私が通っていた大学のすぐそば、ひとり暮らし先に家人が遊びに来たある日のこと、バスを降りて駆け寄ってくるその姿をみて、おやと思ったのが最初かもしれない。チノパンツにグレーベージュの薄いニットベストを身に着けたそのようすには、いつものような装いの色やかたちや素材への丹念なこだわりよりも、いかに女性的な記号から脱するか、ということに腐心し、健闘した名残《なご》りが見て取れた。「男性的」なディティールを服飾に取り入れることで「女性的」である身体の印象を強調する手法もあるが、それとは別物で、むしろ望まないうちに強調されてしまう身体のありようとのたたかいとしての側面がそこにはあった。ただしそのたたかいは来る日も来る日も常に繰り広げられているわけではないようだった。いわゆる「女性的」なものを、楽しんで身に着けているときもまたあったのだ。「男性的」な側へと寄せようとするときも、針をその側へと振り切ってしまいたいわけではないらしいということも、そばで見ていて察せられた。

その最初の気づきとおぼしきタイミングから幾らかの月日を経て、ふたりとも学生ではなくなってすこしの時間が経ったころ、友達の結婚式へ着ていく服を準備する必要が生じた。友達からは、好きな恰好をしてきてねとのやさしいメッセージが届いており、スーツが着たいの、メンズスーツが、ともじもじと明かした家人と一緒に、ふだんは目の前を通り過ぎるだけだった店へと足を踏み入れた。そこはメンズの衣類ばかり取り扱う店で、いつもならどこの服屋でも臆《おく》することなくくるくると泳ぎ回るのに、このときの家人はもじもじとして、どこか途方に暮れているようにも見えた。こなれたワックスづかいで髪を立てた店員が、なにかお探しですかと声をかけてくる。この子が着るパンツスーツを探していて、結婚式に着ていけるような、と私が言葉を返した。すると、店員は隠しきれない困惑をにじませながらも終始親切に対応してくれ、また家人も終始うつむきがちでありながら、目的のものをその店で入手した。あたたかみのあるグレーのウール素材でできたツーピースのスーツは品のいいかたちをしていて、カジュアルにもフォーマルにも着られそうだった。いい買い物をしたはずなのにやっぱり家人はうつむいたままだった。店から出てほどなく、ああやって言われるのはアウティング*されたのと同じきもちになる、と絞りだすように言ってから、家人は道端で泣きはじめた。ああやって、というのは、結婚式で着るためのメンズスーツを、ほかならぬ家人が探しているということを店員に告げたことを指すのは明白だった。

誰かが選び取った衣服は、その者の今のありようを映し出すこともあれば、こうありたいという覚悟の表明や、この場ではこう振舞って生き延びたいという生存のための戦略であることもある。着るものは精神や魂のための、そしてそれらを直に反映した外骨格としての役割を担い得る。いつからそうなっていったのかは定かではないが、かねてから私はその外骨格としての衣服の存在をかなり意識し、自分にとって重要なものだと位置づけていた。私自身をつくりあげるもの、私を私たらしめるものに核というものがもしあるとすれば、しなやかで強靭《きょうじん》な蔓《つる》が核自身から芽生えるように、そして核を守るようにからまっていて、蔓にはかぐわしい匂いをさせながら小さな白い花弁を落とす花がいくつも咲いているだろう。そのみどりの蔓や葉や咲き誇る白い花が私にとっての衣服、装い、ファッションだ。家人にも家人のもつ核と、そこから現れ出《い》でて核を支え守るものがあるかもしれないと想像するが、家人が自分自身の性別をどう捉えるか、どう感じているかという要素があいまって、事態はより複雑になっている。性別と見た目の表現は、多くの社会においてまあまあ密接に関わっており、私たちの生きるこの社会はまったくもって例外ではない。私はその事態の複雑さ、そしてそれゆえに、家人が自分のしたい装いについて表明すること、それを受けた誰かが困惑まじりの対応をしたり、ときに親切心からまるで「正しい在り方」にむけて家人側の修正や反省が必要であるかのような対応をしたりし得ること、そういった外の世界との摩擦が家人の心に大小さまざまな傷をつけてしまうことについて、当時まだよくわかっていなかったのだ。店頭で手に入れるに値するものを探そうとして店員に相談する行為自体は妥当といえるが、揺れ動く自分自身への認識のあり方をためらいなく開示するには、そのときの家人が抱えていた混乱と不安はあまりにも重たかった。びゃんびゃんと泣く家人を連れて、私は近くの大きな公園を家人が落ち着くまで歩き回り、たしかその日はそのまま帰宅した。後日、金色に似たベージュの蝶ネクタイを手に入れて、ちょっと光っているようにも見える柔らかい黄色をしたペイズリー柄ハンカチを買ってそれはポケットチーフにして、つややかな黒色の、そして家人にぴったりの革靴まで見つけて、こうしたい、と思った姿で友達を祝うことができたので、それはほんとうに幸福なことだったと思う。

それからも、家人はゆらぎ続けている。ゆらぎながらおおむね楽しく、そしてしばしば切実に、古いものだったりそうじゃなかったりする色とりどりでさまざまな質感をした布や装飾品の海を堪能している。ここ数年のうちで、ノンバイナリー、ジェンダーフルイド、という言葉で表される属性を知ったことが家人の混乱や不安をいくらかやわらげるのにひと役買ったようだ。かつてレズビアンカップルとして見做《みな》され、自分たちでもそう思っていた私たちの輪郭はわかりやすい名前を失ってとろりと溶けた。家人は世の中の女性、男性という枠組みのすき間をゆらりゆらりと行き来する。その家人とパートナーシップをむすぶ私がレズビアンと自称するのは実情とやや乖離《かいり》してしまうだろうか、などと考えたりもする。家人にとってノンバイナリーやジェンダーフルイドという単語たちが、自称するのに悪くはないが、まるであつらえたようだとまではいかないように、細分化される名前や分類の網の目から私たちの、そして誰かたちのアイデンティティはとろりと蜜のように零《こぼ》れでる。

いわゆる「女性的」とされる記号たち、フリルやレースや大小さまざまな花柄やたっぷりの布をつかって広がる裾や大きく膨らむ袖や、そういったものを重ねに重ねてその意味を崩壊させて他者からの眼差しを攪乱《かくらん》することを最近は試みている。家人のみではなく、私も。自ら異形へと変貌して周囲を祝祭に巻き込んでいくのは、男、女ときっちり二分された収納棚に対しての異議申し立てには留まらない。君たちはどんどん自由になれると、重ねに重ねたコットンや麻やシルクたちが起こす衣擦《きぬず》れの音が囁《ささや》くようにして教えてくれる。

きっと私たちに「ロールモデル」という言葉を教えてくれた大人たちは、私たち（にかぎらず、きっとあのころ元気いっぱいの若者だった同年代たち）に、今後のロールモデルとなっていくことを期待していたのだと思う。医学生だった私と看護学生だった家人は、LGBTにやさしいクリニックをいつかふたりで開いてよ、といったことを、もちろん冗談やお世辞まじりではあったと思うけれどしばしば言われた。しかし今や、私たちはふたりでクリニックを開業もせず、家人にいたってはなぜか漫画家になり、界隈《かいわい》にこれといった目覚ましい貢献もせず、あのときの大人たちに想定されていたようなわかりやすく立派なレズビアンカップルなどには全然ならなかった。服を重ねに重ねて、たまにどうしても欲しい靴のサイズがなくて泣いたりアクセサリーを失くして肩を落としたりしながら、正体不明のまま好きに遊んでいる。

実際のところ、誰も、あるいはどの二者やそれ以上の数の組み合わせも、目指すべき像やあるべき姿として完成することなどできないのではないか。それを目指すには、私たちはみなそれぞれがあまりに違いすぎている。皆のためのわかりやすい灯台にならずとも、気まぐれな街燈《がいとう》や民家にあるちぐはぐなシャンデリアや道行く懐っこい鬼火になって両手を広げて届くくらいの範囲でも照らしたら、孤独感と絶望に張りつめた誰かのまなじりをふっと緩ませることができるかもしれない。そうであってほしいと思う。だってひとりぼっちだと信じ切っていたころの私が、今の私たちみたいな奇妙なふたり組に相対することがあったら、たぶんきっと泣いてしまうのではないかと思うから。

＊**アウティング**…誰かのセクシュアリティを、その者の了承を得ずに第三者に明かすこと

第3話
こんな社会で生きています

家族になりたい

すやすや
ぐにゃ
うぞうぞ
くわー…

お茶
飲む?
ほか
ほか
ほか
飲む~
こくこく
どうしたの
えす子ちゃんが
入院したときのこと
思い出してた
もう何年も前の
ことでしょうに

あのときはもし何かが起きてこの子が死んだら
あたしは葬式に出られたのかなとか考えてたの
病院では緊張しながら面会の紙に〝パートナー〟って書いたけど
面会者の方とのご関係を書いてください
パートナー
あのときはまだ君との関係を
他の人に対してためらいなく説明できなかったな
今はお互いの親と仲良いし心配しなくていいんだよね
わはは
でも実家の人たちがいなくなったら誰があたしたちの仲を証明してくれるの？

君が死ぬときに
隣に居られなかったら
一生世界を恨むよ

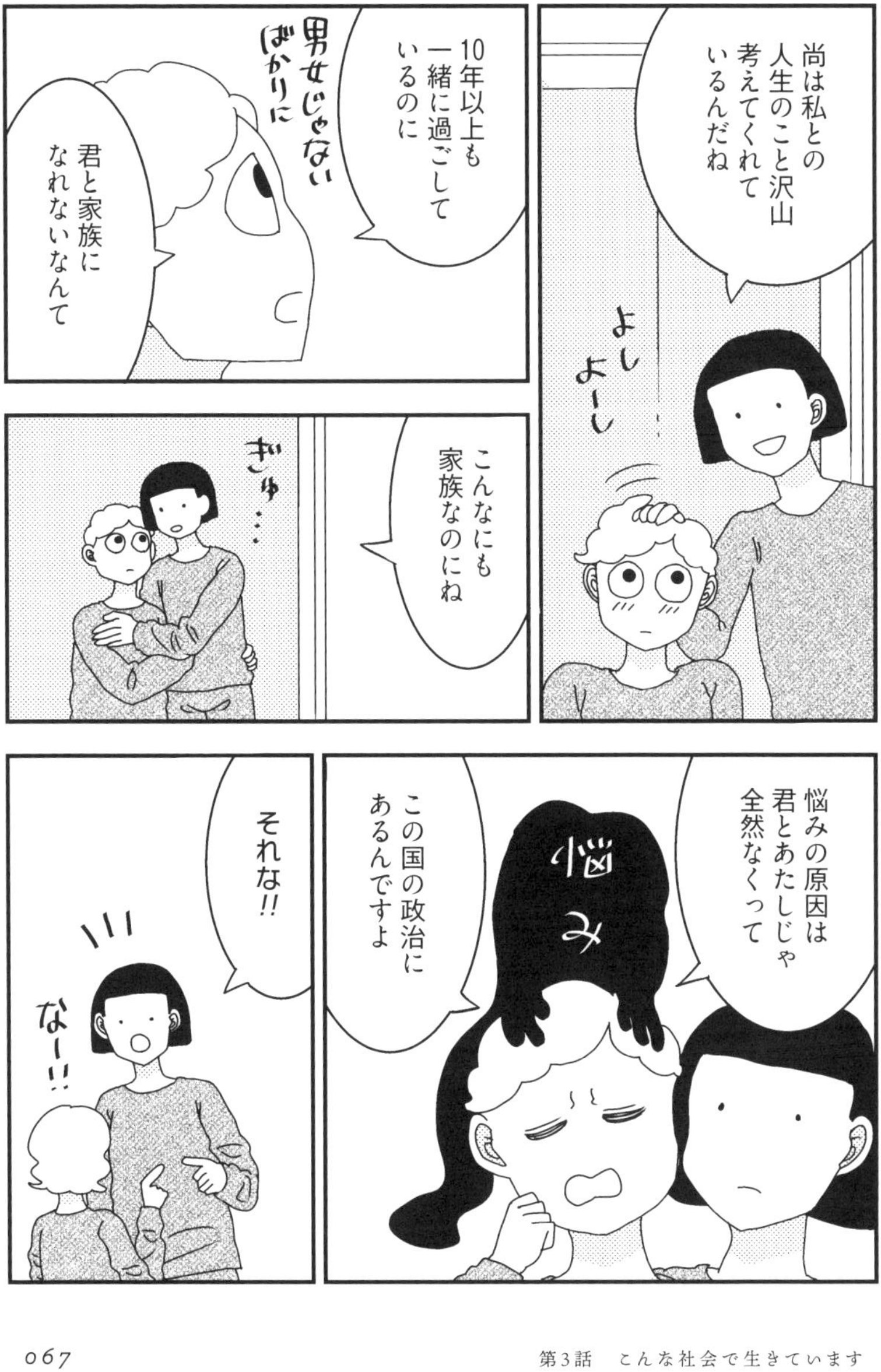
尚は私との
人生のこと沢山
考えてくれて
いるんだね
よしよーし
10年以上も
一緒に過ごして
いるのに
男女じゃない
ばかりに
君と家族に
なれないなんて
こんなにも
家族なのにね
ぎゅ…
悩みの原因は
君とあたしじゃ
全然なくって
この国の政治に
あるんですよ
悩み
それな!!
なー!!

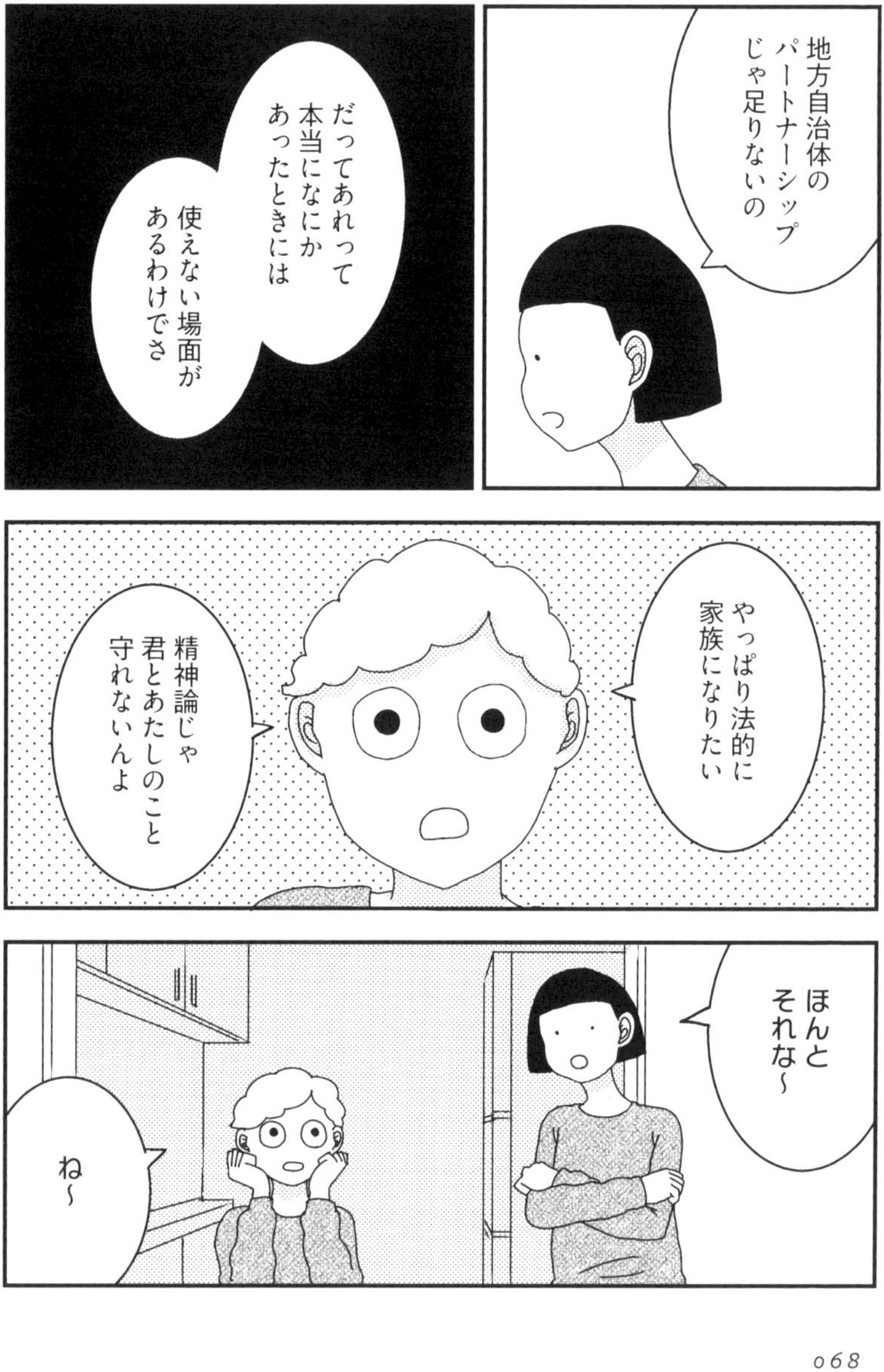
地方自治体のパートナーシップじゃ足りないの
だってあれって本当になにかあったときには
使えない場面があるわけでさ
やっぱり法的に家族になりたい
精神論じゃ君とあたしのこと守れないんよ
ほんとそれな~
ね~

養子縁組すれば
いいのにとか
言う人もいるけど
あれってさ親子の
関係になるわけで
今後ね
結婚できなくなる
可能性だって
あるわけじゃん
それなん
だよなあ
それに別に
私たち親子に
なりたいわけ
じゃないもんね
わかる　ダンス

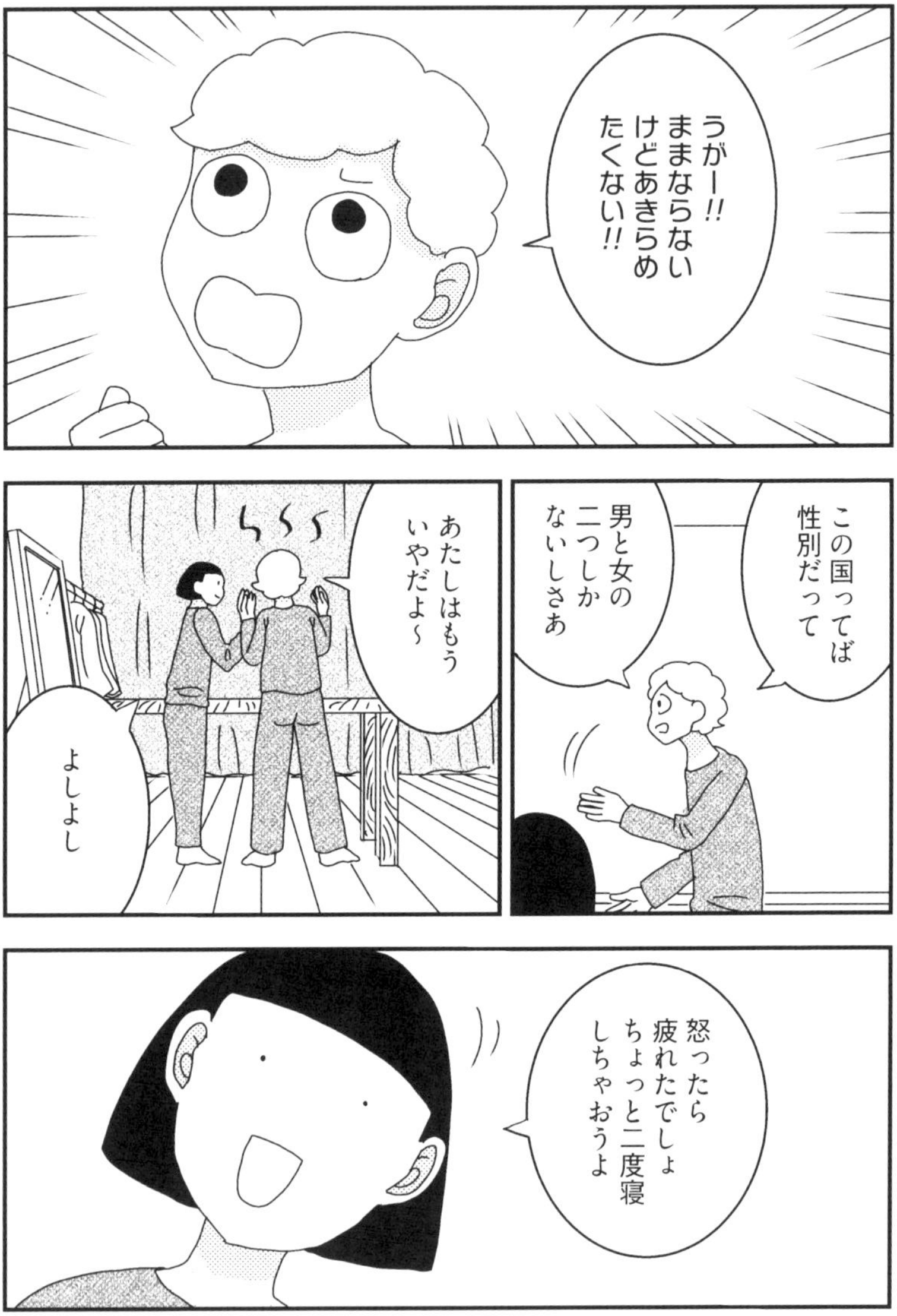
うがー!!
ままならない
けどあきらめ
たくない!!
この国ってば
性別だって
男と女の
二つしか
ないしさぁ
あたしはもう
いやだよ～
よしよし
怒ったら
疲れたでしょ
ちょっと二度寝
しちゃおうよ

そうねえ
ほら尚
こっち来な
すよ…
ぐにゃ

僕ら早く家族になりたい
なりたいよ…
そうだね…

パレードというもの

パレード。その文字列が視界に飛び込んでくるだけで、視界の隅に色とりどりの紙吹雪がぱっと散って、そしてそのまま消えていくような気がする。たくさんの者たちの、華々しく、非日常的な集まり。その歩み。

その単語から、ある特定のイベントを想起する向きもある。少なくとも私の周辺では。プライド、レインボー、ＬＧＢＴＱ＋。いわゆるプライドパレードと呼ばれるそのイベントは、性的少数者たちの暮らしや生について考え、祝うための、そして不寛容な社会に問いを投げかけるための空間と時間を提供してくれるものだと私は考えている。考えているというか、そうあってほしい、というのが近いかもしれない。

はじめてパレードに行ったとき、天気は少し曇り気味だった気がする。しかしその日の代々木公園は、じっとしていても背中や首筋がわずかに汗ばむ程度には暑かった。私は淡いトーンのマルチカラーで構成されたストライプのジャンパースカートを着ていたはずだ。

いや、それは二回目に参加したときだっただろうか。性的少数者たちの尊厳を象徴するものとして掲げられる虹色の旗、それを連想させるものを身につけていこうと、イベントのずいぶん前から、家人とふたりで服や小物を見つくろったものだった。当日身につけるにふさわしいものを足が棒になるまで探しまわったあの時間、鮮やかなグラデーションを描きながらゆれる布や、何色にも光るイミテーションの宝石たち、そういったさまざまな虹色を指でなぞったときのその手触り、その硬さや柔らかさや冷たさやぬくもり、さらさらと乾いた手触り、しっとりと指になじむその感じ、それらがパレードよりひと足早くに私たちをときめかせ、勇気づけたのだった。それは私たちだけではなくて、イベントの会場に行くと、たくさんの参加者たちが思い思いの虹色を身につけていた。当日の会場最寄り駅に向かうまでの電車のなか、偶然行《ゆ》き合っただけの、虹色のアイテムを身につけた知らない同士がお互いを意識しあっているのがわかる、浮き足だつような気恥ずかしいようなあの感じ。

しかしほんとうのところを言うと、「虹色」のアイテムやデザインは、ほとんど私のロマンティック・センサーを刺激しない。たいへん申し訳ございません。この大・レインボー時代を生きるクィア失格です。実際の自然現象としての虹はともかく、アイテムに落とし込まれたレインボーってしばしば私にとっては陽気すぎて、解釈の余地というか、情緒や微細な陰影の入り込む隙間がない気がしてしまうのだ。

それでも時には、虹色のゆらめきに思いがけず目を奪われ胸を射られ、抗《あらが》えなくなってしまうことがある。先日、MRcorset（現・MAJOH）にてコルセットを購入した。胴体を覆う硬い骨は純白のサテンで覆われている。しかしそこにはよく見ると淡い水色のレースがあしらわれ、やわらかい薄氷《うすらい》というものがもし存在するならきっとこれにそっくりだろうと思われた。後ろには一応コルセットらしく胴を締め上げるための白いリボンが中央にひとつ、正面にはおそらくはただそこにあると美しいからという理由で水色の細いリボンが左右対称にふたつ、編み上げられている。コルセットとしての役割を果たす部分の下端からはチュールとレースがひらひらと段を成し、身につけると白と水色のレースで飾られた裾が膝下で透けながら揺れる。そのオーバースカート状になっているレースのところが、コルセットと称されてはいるものの、姿勢や体型の矯正といった実用性からは程遠いこの装身具の魂の部分だ。白いチュールの上に、水色とピンクがかった薄紫で刺繍された平面の、そして立体の蝶々が踊る。水色の糸で編まれた立体の蝶々たちは、赤橙《せきとうしょく》色や群青色、若草色、そして蜂蜜色と一本のなかで移り変わる消えかけの虹から紡《つむ》いだようなやさしく光る糸で縫い留められて、静かに翅《はね》を休めている。

コルセットを店頭で目撃し、試着し、その素晴らしさに打ちのめされ、しかし購入をためらってそのまま家路に着いた。その日から数週間、毎晩布団に入って目を閉じるたびまぶたの裏に虹色の光が浮かんだ。MRcorset のＳＮＳのページを開いては、店頭写真に写ったマネキンの腰もとを飾る蝶々たちを切ない思いで眼差した。大きな大きな出費を目前とした時期であったこと、そもそもあの美しいものは実際的な暮らしには「なんの役にも立たない」こと、それが一旦は私をコルセットから遠ざけたが、しかしその「なんの役にも立たない」ただ美しいだけのものをこそ傍《そば》に置かなくてどうする、と今まで何度も何度も、しかし都度真剣に繰り返してきた自問自答を乗り越えて、夢のように美しいコルセットは、前述の通り今日もわが家のハンガーラックで静かに光を放っている。

最後にパレードで歩いたのは、十年は経たないまでももうだいぶ前のことになる。今、隊列を組み、虹色を身に纏ってにこにこと歩く気にはならない。

かつてパレードに関連したイベントの一環で、ある写真家にカップルポートレートを撮ってもらう機会を得たことがある。当日メッセージを書くためだかなんだかで渡されたコピー用紙には、われわれの名前と医者と看護師のカップルであることがあらかじめタイプされていたが、私は国家試験に落ちたばかりだったし家人は看護師の仕事はしていないしでその記述はまったく正しくなかった。そのことは我々に声をかけてくれた企画スタッフにも伝えたのだけれど、彼は眉間《みけん》に軽くしわを寄せながら、「医者と看護師」のカップルということにしておきたい、というようなことを言ったのだった。そのとき、どうもこの場所で求められている虹色は、その鮮やかさの度合いも切り取り方も、もうすべてあらかじめ決められているようだと気がついた。私たちを、「なんの役にも立たない」ふたりぐみではいさせてくれないのだった。その虹色は、私や家人があのとき、そんなに好きでもないはずなのにそれでも胸がいっぱいにならずにはいられなかった虹色とはたぶん別物だった。無論、私がつい最近出会った、コルセットの蝶々たちを彩《いろど》る淡い虹色とも異なるだろう。

マーロン・リグスが監督した映像作品、『タンズ アンタイド』を数年前に観た。一九八九年に制作された、アフリカ系アメリカ人のゲイ男性たちの姿を捉えた作品だ。一度観たきりでもう細部を辿ることはできないのだけれど、そのとき受けた衝撃のことはよく覚えている。ゲイであること、アフリカ系アメリカ人であること、二重にマイノリティであるがゆえの根深く重たい抑圧。ＨＩＶ／ＡＩＤＳの出現と流行、脅威。重なる言葉、低く高く響く彼らの声、暗がりから光を受けて浮かびあがる深い色の身体、決死の覚悟で尊厳を訴える者たちの歩み、暮らし、その断片。モノクロ映像と褪せたカラー映像とで構成されているにもかかわらず、それは鮮やかだった。私たちは脱色されたレインボーしか知らないのではないか、と思わずにはいられなかった。

昨年の初夏、久しぶりにパレードの会場に出向いた。パレードを歩きはしなかったけれど。主催団体の代表がインタビューで、『私たちに人権を』というアプローチを取ると身構えてしまう人もいて、当事者を取り巻く環境を変えるためにやっているのに、ややもすると当事者と非当事者の分断を生みかねない。でも、ハッピーな要素には人を巻き込む力があります」と発言したことを受けて、迷いながら、しかし結局は居ても立ってもいられず家人と電車に飛び乗った。「人権の話をしよう」と黒マジックで大きく書いたＡ４のスケッチブックを抱えて、虹色のグッズはひとつも身につけずに。会場は記憶よりもずいぶんと混みあい、たくさんの企業ブースで賑わっていて、私や家人の友達や知り合いがやっているような小さな支援団体は隅のほうにスペースをあてがわれていた。知った顔が一様に、われわれを見つけてすこしの驚きとともにぱっと明るく笑ってくれたとき、そうだ、私はパレードのこういう文化祭と同窓会があわさったみたいなところが好きだったのだと嬉しく思い、そして寂しくなった。

今年の初夏、新しく友達になったばかりの人が、彼女自身の大切な人のことを想って会場に足を運びたいと思っているのだがどうだろうか、とはじめてのプライドイベントの参加について相談してくれたのは嬉しかった。誰かのことを想いながら、ある種の勇気とともにあの晴れがましい祝福の場に飛び込もうという人がいること、それが出来たてほやほやの友達であることは私を元気づけた。彼女が当日撮ったらしい、鮮やかな虹色の頭飾りを身につけているところの写真は、私のレインボーアイテムへの偏見を覆す詩的さで、たいへん胸をうたれた。

パレードやイベントは代々木公園でだけ催されているわけではない。遠い海の向こうはもちろん、地続き、あるいは小さな海を挟んだだけの向こう側でも、しばしば開催されている。このせまい島国のいろいろな場所で、レインボーフラッグ、あるいはより細分化されたり包括的であったりするセクシュアリティを象徴する旗たちがひるがえるところを想像する。その想像だけでも胸躍る光景で、現実のそれはどんなものだろうと確かめたいような思いも湧いてくるが、最も規模が大きいパレードに失望寄りの複雑な思いを抱いているがゆえの押し付けがましい祈りにならないよう、各地方のプライドイベントと向き合うときには細心の注意をはらう必要がある。「パレード的なもの」をただ憎めたり、まったく諦められたりしたら、かえって気が楽だったかもしれない。

はじめてパレードを歩いた、歩きはじめのその瞬間のことを何度でも思い出す。忘れることはできないだろう。パレードには力があって、涙が出てしまうくらい幸福で力強い。でもそれはただ「ハッピーだから」そうなのではなくて、たくさんの者がそれぞれの思いや考えがありながらも一緒に歩いて、自分たちや誰かのよりよい暮らしや生のことを想っているからだ。

『私たちに人権を』というアプローチを取ると」という件《くだん》の発言をしたイベントの主催団体の代表を含む、この島国でいちばん大きなパレードの運営にたずさわるスタッフたちが、「誰かのよりよい暮らしや生のこと」を想っていないとは思わない。イベントが盛況となって商業的な成功を収め、その広がりや華やかさが誰かを励ましたり、それまで知らなかったことや考えに触れられる機会となったり、さまざまなつながりを生んだり、そういう場面はきっとたくさんあるだろう。しかし巧みに広告化された虹色からはこぼれ落ちてしまう、ただハッピーなだけでは掬《すく》いあげきれないもの、個々が抱えているはずの、たとえば、戸惑い、傷つき、逡巡《しゅんじゅん》、行き詰まりや怒り、そんなものたちが、そして時としてそのはざまや葛藤のなかで生まれてくる繊細でやわらかいなにかが、大文字のＲＡＩＮＢＯＷのもとに塗りつぶされてしまうことを私は危惧している。これは大袈裟《おおげさ》な懸念、的外れな言いがかりだろうか。私が極端な心配性か、あるいは偏屈で陰険なだけだったらもちろんそれに越したことはないのだが。

なんだって毎日こんなえずきながら身支度をして、気持ちのうえではほとんどゲル状になりながら出勤しているのだろう。半分は冗談、半分は自分を奮い立たせるための哀れな嘘で、わたしはしごとができる、と呟《つぶや》いてみたりするけれど、まあ虚しい。実際に仕事ができる人だった心あたりはない。なお、感じはよいほうである。たぶん。感じのよさだけでやってきたとも言える。しかしあまりに余裕がないと、唯一のウリであるところの感じのよささえも怪しくなる。

退勤時はいくらかほっとして涙が出そう、実際ちょっと泣きながら帰っているときもある。今日は乗換駅にある La Maison du Chocolat でグレースとソルベを買い、花屋で花びらの先が細かなフリルのようになっているトルコキキョウも二本、購入した。家に持ち帰り、家人の作った夏野菜カレーに焼いたハムをのせたものを食べ、デザートにチョコレートのグレースとフランボワーズのソルベも食べた。フランボワーズってラズベリーのことなの？　うそだろ！　ラズベリー味もいいけどフランボワーズ味のほうが好きだなって思ってたよ。ふたりで笑う。夢のような淡い薄桃色のトルコキキョウと、雪色をしたトルコキキョウは水差しに生けられて、波の割れたところのようにみずみずしくしなっている。

しあわせだなあと思う。このしあわせが永遠に続くに違いないという確信と、頼むからそうあってくれという形ないものに縋《すが》るような思いとは、お互いを矛盾の棘《とげ》で突き刺し合いながら両立する。ないかもしれないものをそれでも追い求めようとすること、そのみっともなさ、愚かさ、愛おしさ。

先日、家を購入した。私も家人も買い物を楽しむ才能に恵まれているほうだと思うが、人生でもっとも大きいかもしれない買い物を前にすると、さすがに神経が張りつめるのだということを知った。

大きすぎるものを所有することがこわかった。動く金額の桁違いな大きさや、手続きの煩雑さ。しかしなにより、一軒家を手にすることもマンションの一室を購入することも、後戻りを許さないような空気が否応なしについてまわり、そのくせ安心や安定が永続することを担保はしてくれないということは私を苛《さいな》んだし、きっと家人にとってもそうだったのではないかと思う。

当時の住まいと最寄り駅のあいだにある、出勤や退勤のたび横を通る空き地に私たちの家が建つらしいというのを、どこか御伽話《おとぎ》のように思っていた。まだ家の基礎部分しかなかった時期に大雨が降って、そこに溜まった雨の名残りがなかなか退いていかなかったときは、家人とふたり、妙にナイーブになったものだった。大袈裟で無骨な積み木遊びみたいだったものがだんだんとそれらしい形になっていくのを、興味深くて愉快なような、しかし空恐ろしいような心持ちで眺めた。そんなタイミングに限って、欠陥住宅に長年悩まされているという知り合いの愚痴を聞くことになったりする。今そんな話を聞かされたって、もう壁は塗り固められてそこに窓も貼りついていてなんと上には屋根までのっているんだよ！

完成した家にはじめて足を踏み入れたとき、木の匂いがこちらに親しげに駆け寄ってくるように迫ってきて、そのときようやく、私たちはこの家とうまくやれるかもしれないという予感がした。タイトスカートで機敏に動き回る住宅メーカーの社員と家人と私と三名で、家中の汚れを見つけては印をつけて、記録してまわった。しゃがみ込んで部屋の角をじっと見つめ、階段の途中で背伸びして手すりを撫《な》でた。事務的なようであり、一方でどこか厳《おごそ》かな儀式めいてもいて、なかなかに奇妙な時間だった。

入居の直前には、近所の家々に挨拶をして回った。いかにも親切そうなご老体に「おふたりは、ごきょうだい、じゃないわよね」と顔を交互に見比べながら確認されたので、出せるかぎりでいちばん愛想のよい声で「違います」と応じつつ口角を限界まであげ、にっこりする。それ以上のことを尋ねられなかったこと、ご老体のある種の上品さと良識に感謝しながら足早に新居へと駆け込んだ。鮮やかなピンクとブルーの真四角のクッションが二つきり投げ出されているだけのリビング、まだ何者にもなっていない部屋が、それでも安心できる場所だと感じられた。

嵐のように引越しを終えたその晩、とりあえずなにはなくとも風呂に入ろうと真新しい浴槽に湯を溜めた。湯が満ちたことを知らせる音楽に導かれるまま、家人とふたりふらふらと歩いて、浴室へとつながるドアのノブをひねった。が、先ほどはなんの支障もなく開いたドアがほんの僅かしか開かない。おかしい。浴室内でなにかが起きているものと判断し、ドアの湯気がもれでる隙間からスマートフォンを握った右手を差し込み、角度を変えながら何枚か写真を撮る。湯船に落とさないよう慎重に引き戻したスマートフォンを渋面《じゅうめん》を突き合わせて見つめながら、でたらめな現場写真を繋ぎ合わせ検証したところ、バスタブの外側を構成するプレートが外れ、つっかえ棒のようにして浴室のドアの動きを妨げているということがわかった。なぜそうなる。先日聞かされたばかりの、大手住宅メーカーとの弁護士をはさんだ争いにおける数多《あまた》の苦労話をかろうじて頭の中から追い払った。なんとかしてつっかえ棒状態のプレート——と呼ぶのが正解かもわからないが、とにかくなだらかな曲線と直線から構成されたプレート状のパーツ——をずらそうとして差し込まれた苦し紛れのハンガーが、湯船にうっとりと揺蕩《たゆた》うはめになった。万事休すかと思われたその瞬間、はっと閃《ひらめ》いて探し出した浴室の取扱説明書には「緊急時にドアを外したい」のページが存在した。神に感謝する代わりに二年前にこの世を去った実家の愛犬に感謝を捧げながらドアを外そうと試みる。えっ、はずれないんだけど。指示に粛々と従ってロックを解除し、ハンドルを持ち、つまみを下げながら上の軸部を外し奥側に傾けようとしてはいるんですけど。愛犬の霊体がわれわれの困惑をよそにあたりをうろうろしている想像で自分たちを慰めながら、ついに万が一の不具合があったらここに連絡してきていいという住宅メーカーの窓口に電話した。事情を話すと三十分くらいで作業服を着た社員と思われる方が飛んできて、ロックを解除し、ハンドルを持ち、つまみを下げながら上の軸部を外し奥側に傾け、なんやかやして一瞬でドアを外してくれた。作業を終えて、にこにこしながら「お風呂を使えるようにするために、ここを外して作業するからそのときのはめ直し方が甘かったんでしょうね。もう同じことはないと思いますよ」と話してくれたので、欠陥住宅に住むのかもしれないという覚悟とは速やかに別れを告げることができた。「取扱説明書にドアの外し方が書いてあるので、何かあっても外せますからね」とも話してくれたが、我々がどんなに力を込めても上の軸部を外されたドアが奥側に傾いてくれなかったことは伝えずに丁重に礼を述べるに留めた。水面を優雅に躍っていたハンガーを湯船から拾い上げたとき、湯はまだまだ熱いままで、これは湯が冷めにくいバスタブだという事前に聞いていた話は本当だったのだなと少し驚いた。

区役所に行ったのは、引っ越してから最初の土曜日だったか、その次だったか。健康保険証の住所変更のための手続きをする際、住所が一緒で、生計が一緒なら世帯を同一にできますが、と窓口で告げられた。区の職員はただ業務の一環としてそのことを淡々と我々に伝えただけだったが、私と家人はさっと目を見合わせて、そうしてください、と声の上ずりを極力抑えながら応じた。こうして家人の健康保険証には私の名前が刻まれることになった。私たちは法律婚ができない。公的な文章だとかなんらかの有効な証明書だとか、とにかくそういったものに我々の名前がともに載るのははじめてだった。なんら法的拘束力のないそれをありがたがるようなことは無論しないが、そもそもたとえ法的ななんらかの効能があったとしても権力に与えられたものをありがたがりたくはないという気持ちがあるが、それでも、そこに私と家人の名前が揃ってあることを私たちは望んだ。望んでしまうのだった。それでもなお、世帯が同一であることは世帯が同一である以上のことを意味してくれない。私たちの家は書類上は私の家でしかないらしい。だいぶ昔、「たかが紙切れのことだから、とらわれる必要なんてない」と私たちを励ますつもりで言ってきた知り合いは、おそらく現行の婚姻制度で不便を感じることはない側にいたはずだ。きっとそのとき私たちとした会話のことはすっかり忘れているのではないかと思う。家の購入に向けて手続きを進める中で、住宅メーカーの社員に「え、同性婚ってできないんですか。できるようになったんだと思ってました」と驚かれもした。同性パートナーシップ制度が一部自治体で導入されたことを、書類上の性別欄とは無関係に法律婚ができるようになったものと捉える勘違いは思ったより少なくなくてこちらこそ驚く。保険証にともに名前を刻まれることを望んだ気持ちの動きとは一見矛盾するようだが、同性パートナーシップ制度とやらはかかる手間の割になにも保証してはくれないのだな、というのが正直なところである。

　私が死んだら家人はどうなる？　家人が死んだら、私は？

　社会が追いついてくれないまま、私たちはときに穏やかに、ときに波乱万丈に日々を送る。私みたいなのを摑まえてしまったのだからもう観念するしかないよ、と家人に泣き笑いで話して、家人もやっぱり泣き笑いでそれに応えて頷いて、十年以上一緒にいたっていくらだってそういうドラマティックな瞬間があったりする。勿体無いので詳しいことは内緒。ドラマティックなくせに驚くほど心温まって、地に足がついている。私たちの生活と愛。私たちはこう見えて優しいので、もたもた歩きの社会の手をぐんと引っ張って、私たちの生活と愛を見せつけてやりたいと思っている。

私たちの勇敢なるお茶会

家人と私の実母と私とで、一週間におよぶロンドンおよびパリ旅行をした。数十年ぶりの水準となった円安に身を震わせ、パリで大流行中というトコジラミに目を血走らせながら怯《おび》えつつ、楽しい時間を過ごした。ロンドンもパリも、それぞれにちょっと汚くて、そして美しかった。旅する者に慣れている街は、スーツケースをがこがこと不器用にメトロの階段にぶつけながら歩く異邦人にもおおむね優しい。実際、いやな思いはほとんどしなかった。通りかかった飲食店の外の席に座っていたふたり組に「ニーハオ！」と叫ばれたことはあったが、無視した。なお、この場合問題となるのはわれわれが中国人に間違えられたことではなく、そのふたりの言動に明らかな悪意と差別心がこめられていたことである。

ロリィタ服とパニエが詰まった重たく巨大なスーツケースが階段にぶつかり続けるのを見兼ねた通りがかりのメトロ利用客は荷物を運ぶのを手伝ってくれ、レストランやカフェの店員たちはやさしい英語を使っての根気づよい接客ぶりを見せてくれて、数年前友達に海外土産でもらったラベンダーフレーバーのチョコレートが忘れられなくてスーパーでチョコレート売り場をじっくりと眺めていたら「自分はこれが好き」とカカオ七十%のリンツチョコレートを見知らぬ若者が指さしてくれたりだとか（このアジア人たちリンツ初めて見たんだなって思われたのだろうか）、あとは私と家人の装いを絶賛して一緒に写真を撮ってもいいかと丁寧に尋ねてくれる観光客たちに何回か遭遇したり、その他おそらく私がうまく気が付けなかったような優しさにもきっとひっそりと支えられながら、私たちは無事に帰国した。

なんというか、帰国して税関を通るまでは無事だった。飛行機の着陸の直前、税関を通る際に必要な縦長の書類が配られた。「ご家族で一枚です」と客室乗務員の方が私たちに一枚だけ渡してくれた。なるほど家族で一枚、と受け取って、記入して、飛行機を降りた。

税関のカウンターに辿りついて、椅子に座った職員に書類を渡した。書類と私たちを交互に見てから、いかにも迷惑そうに「これ、家族で一枚なんですよ」と言い放った税関職員に、いや家族ですけどと返したところ、いや家族って、一緒に暮らしていて、となんだかよくわからないことをもそもそと言いはじめた。ああ世帯が同じということですかと尋ねると、そうそう世帯、と我が意を得たりといったふうだった。こことここは親子で、こことここは世帯が同じですが、と伝えると、どうも望んだような返答ではなかったようで、その職員はまたぶつくさと聞き取りづらい声でなにかを言っている。いやどこまででも家族ってなっちゃうからと両腕を広げる、声の小ささに似つかわしくない大げさな動きだけが妙に印象に残っている。じわじわしみじみと頭に血がのぼる、いわく言い難い状態になっていたので記憶が曖昧だ。とにかく次からは家族ごとで一枚にしてくださいと言われ、追い出されるようにして税関を後にした。

世帯が同一で、かつ、戸籍上もつながりのある「家族」単位でないと誰が何でどう困るのか、結局よくわからなかった。典型的でない群れである私たちが結果として「家族」ではないとジャッジされていやな思いをしたというのが、私から見た事の顚末だ。税関職員の対応はいまいちだったが、あの職員だけの問題とも言えない。あれがなにか意味のある区分けなのだったら教えてほしい。本当に意味があることなのか、どうかくれぐれもよく考えたうえで。

旅立つ少し前、銀座のレストランで韓国から来た観光客に提供された水に漂白剤が入っていたという出来事があった。そのことを知ったとき、冷えびえとした憤りと情けなさ、悲しみ、そして無力感に苛まれた。そんなひどいことが起きてしまうような場所からやって来た自分たちがもし旅行中にひどい目に遭ったとしてもそれは仕方がないというような考えがどこからともなく湧いてきて、旅行前の高揚の底のほうには不安と諦念が沈殿していた。しかし先ほど述べた通り、旅行中は誰かの優しさに多く助けられて、最後の最後でいやな思いをしたときには、いやなものはいやだな、と諦めるでもなくちゃんと思えた。どこから来た何者でも、どんな背景や物語の持ち主でも、ひどい目に遭っていい正当な理由などは決してないのだ。世界中の誰もがそうであるはずなのに、そのことを皆しばしば忘れてしまう。

漂白剤入りの水を飲まされるような即時的で直截《ちょくせつ》な出来事は激しく心身を焼き、そして日常レベルで悪意や差別心、無理解にさらされ続けることもまた心身をすり減らし、蝕《むしば》んでいく。自分自身や自分にとって大切な存在が害されることがおそろしいのは無論だが、自分や、自分の身近な存在が誰かを害してしまうこともまた、私はおそれている。生きていると、笑っちゃうくらいにうんざりする、そのくせ内心ではしんしんと悲しくなるような出来事に遭遇するのだ。いつも親切にしてくれる同僚の口から、特定の人種や国への驚くほど冷たい揶揄《やゆ》が飛び出す。師匠みたいに思っていた人が、トランスジェンダーに対する排除思想に染まってしまいこちらの言葉が届かない。それから、それから。漂白剤入りの水をつくってしまう誰か（たち）が、自分と地続きでないと言い切る自信は、ない。

先日、私と家人の大切な友達ふたりを家に招き、旅行で手に入れたお茶やお菓子でもてなした。すみれと薔薇のハーブティ、すみれの花の砂糖づけ、薔薇の花の砂糖づけ、花園の匂いがする烏龍茶、パリで一番古いショコラトリーの宝物のようなチョコレートたち、齧《かじ》るとラベンダーの花のつぶがはじけるチョコレート。透明なティーポットは、鈍い金色に光る金属でできたアンティークの鍋敷きに置く。鍋敷きは三つ足で立ち、照明のまるい光を受けて幾何学模様の透かしの影をテーブルに落とした。ティーカップはひとりひとりに合わせて選んだ。葉っぱまでピンク色の薔薇模様のもの、瑠璃《るり》色と彫金が印象深いうずらやハチドリが遊ぶもの、小花柄とレース模様のような縁取りが愛らしいもの、緑色の淡いグラデーションが美しく繊細さと明るさのバランスが絶妙な花柄のもの。飾った花もそうだ。深みのあるピンクの薔薇、光沢のある青紫色をしたエリンジウム、淡いピンクのスプレー薔薇、花びらのさきが緑色に染まったアストランティア。ふたりにはパリのクリュニー美術館で購入した、《貴婦人と一角獣》のポストカードをお土産にした。わが家の冷蔵庫にも同じものが貼られている。それぞれをイメージして選んだ花も、乳白色の水さしから抜きとって持ち帰ってもらった。旅行中の美しい経験と記憶の話をして、税関でいやな思いをした話も聞いてもらって、友人たちそれぞれの話もしてもらって、少しでも楽しい時間を引き延ばそうと外に夕飯を食べに出て、その日が終わってしまうことを惜しみながら別れた。心底安心できて、驚くべき美しさに満ちた時間と空間で、自分がその構成員のひとりであることが嬉しくて仕方なかった。

帰り道、漂白剤入りの水と、その水が現れることをさまざまな距離や角度から後押ししたものたちに立ち向かうことを思った。ロンドンの路上や、ホテルのティールーム、パリの百貨店の屋上や、ヴェルサイユ宮殿に広がる庭園の隅っこが、わが家のリビングと交叉《こうさ》する。ただ生活のなかの日常や非日常を美しくするだけでは抵抗には不十分だと私は思う。

しかしそれでも、優しさやいたわり、美しいものの光を享受することは私たちを力強く助ける。他者や自身のうちに潜み、ときに顕《あらわ》になる暴力的なものに、すなわち私たちの弱さに立ち向かうための勇気をくれる。ときに旅先で知らない風に包まれて歩き、またときには次なる最高のお茶会に向けてアイディアを練って、そしてなんでもないごくごく当たり前の毎日を送りながら、あふれる理不尽に声をあげたり、打ちひしがれた誰かに寄り添ったり、消されそうな小さな声に耳を傾けたり、誰かを踏みつけにしていないかとわが身を注意深く振り返ったりをし続けて、そして、私は、私たちは。

第4話

魂が貴族

――あるいは異形たちの生活

異形が二匹

あ.
ヤマウチさん ですか?
この人が シミズさん…
ペコ
ハイ 合ってます どうも…
合ってて よかった
シミズさんは もうお仕事とか してるんですっけ
23才ってことは
僕まだ 学生ですよ
19才
正直 初めて 会ったときは ヤバいのが 来たと思った
あーおれ すっかり社会人の ひとだと思って ました えへへ…

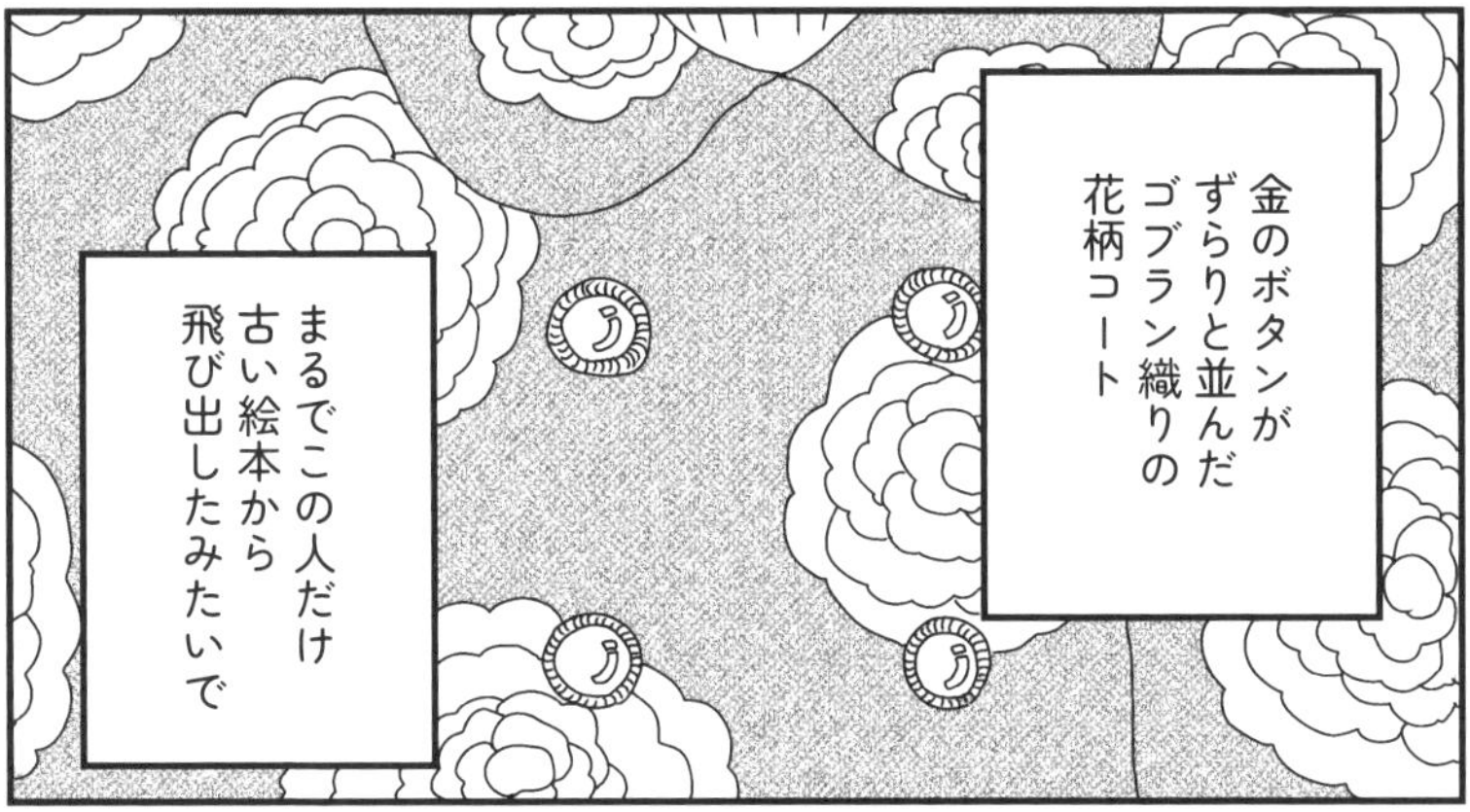

金のボタンがずらりと並んだゴブラン織りの花柄コート
まるでこの人だけ古い絵本から飛び出したみたいで

おれの目にはその人が異形に見えた
あぜんぜん それは へーきなんで
そうだ予約 ありがとうね

古着屋にて
あのときはまだ人の目ってのを気にしてたんだよなあ~
自分はカジュアルきれいめっていうか
そうそう
でも今じゃ
そんなのクソくらえ!
好きな服を好きなように着るの楽しくてやめられないねえ
ねえねえねえ
見てこれ!かわいくない?
あら~~えっぜったい似合う~~
ここの金糸の刺繍最高でしょ??
お値段は?
えーっと
お互い仕事頑張ろうね…

生活の話

平日の朝は起きるのも命がけなのに、休日の起床は呆然《ぼうぜん》とするくらいスムーズだ。床から這《は》いずり出て、えずきながら身支度をして、浮かんでくる涙を目のふちの力だけで押し込めながら出勤する、日頃その一連の流れのためにいたずらに消耗されるエネルギーが休日朝にはありあまり、部屋のそこかしこで見えない渦を描いている。怠惰《たいだ》への愛を証明しようと、その渦を見て見ぬふりはするのだけれど、渦は次第に質量と大きさを増して寝入ろうとする私の身体と精神を突き回してくる。つま先から背筋にかけて、ぞぞぞ、と怖気が走る。やむなし。布団を押しやって、重力に逆らうことを覚えたばかりといった様子で立ち上がり、排水溝用の除菌クリーナーを家中の穴という穴にどぽどぽ注ぎ、洗面台やトイレを撫でるよりは多少力強く拭く。家人はまだ寝ているので、大きな音が出るような家事はしない。多少の生きやすさのために家事をするのであって、家事をこなすために生きているわけではないので、どれもそのときの自分の気の済む範囲でこなせばよい。乾燥機までかけた洗濯物がちょっとした山脈になっていても、気が乗らないときは放っておく。

靴磨きを始めると、そろそろ家人が目覚めてくることが多い。重力から解き放たれた印象さえする髪型の家人に、何かしら口に放りこんだかと確認され、大体はというかほぼ間違いなく毎回、なにも食べていない、と答える。前日の鍋やラタトゥユの残りをあたためたり、卵を焼いたり。カカオ七十二%の板チョコを小さく折ったものをよっつ、食パンの上に無造作に置いてちょっとあたためて食べるやつも好き。見た目は元とほとんど変わらないのに、かぶりつくとチョコレートがとろりと溶けるのが意表をつかれるようで小気味よい。料理は家人が担ってくれている。料理しながら食べながら皿洗いをしながら、私たちはよく喋る。今日みた夢の話仕事の話漫画の話舞台の話映画の話社会への怒りの話。出かけるときは一緒に服を選ぶ。「今日はどれ着てくの」とお互い確認しながら、一緒に生きていることを祝福するための衣類や装飾品を選ぶ。相手が親指の爪ほどの黒い石に金色の額縁みたいな飾りのついたイヤリングをつけるときは、自分はつやのある黒い星に小さな星がさらに金色の影を落としているブローチをつけるみたいに。たくさんの色ののったアイシャドウパレットから、それぞれそのときの気分で色を選んで指ですくう。

家人と私は、恋人も生活におけるパートナーもいちばんの親友も同志も仲良しなきょうだいも、全部お互いでまかなえてしまうところがあるので、うっかりふたりだけで完結しそうになる。それはときに大泣きしたくなるくらい幸福なんだけど、同時に私たちだけで閉じきってしまうのはなんだかこわいような気持ちもある。このこわいような幸福、甘く熟れためずらしい果実を潰してしまうのをおそれるような気持ちは、生活のなかでひそやかに規則正しくその呼吸を保っている。私たちが油断ならない若者を脱し、心優しい（そうありたい）異形の中年へと変化しさらにその先を目指すあいだにもそれはきっと漂い続ける。私は家人とともに生き、そして死んでいくだろう。このこわいような幸福が煙のようにどこかへ霧散《むさん》して、なかったことになるのはとてもではないが耐え難いことのように思えて、私は私と家人との暮らしを記録する。食を掃除を洗濯を身支度を買い物を性をつまり生活を。

貴族、そして妙にストイックなオタク

「コーディネートのポイントとして一点だけハズす」ことができない。なぜならCLAMP作品で育ったオタクであり世界観が一貫していることに無上の喜びを感じるからである。家人も同じたぐいの生きものなので、ふたりで出かけるときはいつも世界観が一貫するようにお互いの装いを整え、また我々の服装が行く先の空間にどういった影響（主に違和感）を与えるかも考慮する。服を選ぶのは、我々にとって一番身近なインスタレーションなのだ。

世界観を一貫させる際に「お揃い」はたいへん便利だ。色違いの服や、型違いの服を着ると興奮と幸福感に包まれて頰はぽっと熱をもち、脳はジュッと溶ける。町中で、「お揃い」楽しいよね、わかる、と双子コーデの若者たちに目線だけで声をかける。服を選ぶことのなかでも、「お揃い」はもっとも手軽なインスタレーションのひとつである。

ところで、その服をお互い気に入りすぎたあまりに「お揃い」になるのだとしたら、なにひとつ躊躇《ためら》うことはない一緒に地獄に落ちよう、という感じだが、「お揃い」を目的に服を買うというのは、ちょっと待てよと立ち止まってしまうところがある。

先だっての年末、家人が最高のワンピースを購入した。インドに暮らす遊牧民の、ケリアと呼ばれる伝統的な上着の裾を長く長く足首までのばしたデザインで、首元から腰のあたりまで連なった紐《ひも》を結んだ巻きワンピースとでも呼ぶべき様子をしている。ややハイウエストな腰から下にはたっぷりと布が使われており、裾が優美に波打つたび草原の幻を見るようだ。袖は長めに作られており、くるみボタンが木の実のように連なる袖口が愛らしい。

家人はこのワンピースの藍色を試着し、雷に撃ち抜かれた。藍色ワンピースは間違いなく二〇一六年最後の家人の半身《はんしん》であり、逃す理由がなかった。自分自身の半身に出会う瞬間は無論人生で最良のもののひとつだが、他者が半身に出会うときに寄り添えるのもまた、いいものだ。

店頭には色違いで黒いものが一緒にかけられており、店員さんの熱い勧めもあって私も後からそちらを試着した。異国の民族衣装に身を包んだふたりが、天井まで異国の布が所狭しと積み上げられた色鮮やかな店内に並んでいる。それは華やかで好奇心がくすぐられる、愛すべき光景だった。いつの間にか増えていた店員さんたちも、ケリアがふたり並ぶなんて、と一様に嬉しそうにしている。このワンピースを着てふたり並んで歩いたら、それだけでまるで踊っているように見えるだろう、と私はうっとりした。

しかし、私とこの黒ワンピースの組み合わせのみを、家人とセットでいることと切り離して眺めると、確実に良いものではあったが決して最善ではなかった。この服に関しては私も藍色の方がよく似合った。我々は体格が似ており、靴以外の衣類はすべてシェアしているので、藍色ワンピースは一着あればふたりで着ることができる。しかし、言うまでもないことだが、一着だけでは「お揃い」をすることは叶わない。そしてこのワンピースはここにそもそも各色一着ずつしか入荷されておらず、京都にあるという他店舗にももう置いていないとのことであった。

異形たちであることを楽しむためだけに黒いものを購入するか否か。だけ、と言い切っては大袈裟かもしれない。黒いのは私にも家人にもほどほどには似合って、そして何よりとても良い服なのだ。しかし、ドレープの美しさを目で追い、脚に纏《まつ》わる裾の心地よさを感じれば感じるほど、もやもやとした悩みは潮がやさしく引くように姿を消していき、これは私が買うべき服ではない、と静かな納得だけが胸に残る。見知らぬ誰か、この黒く美しい服の引き裂かれた半身が、ここを訪れる日のことを考えた。手に入れないことこそがその品物と、作り手に対し敬意を示すことになる場合も、いくらだってあり得るのだ。

藍色のワンピースを包んでもらうあいだ、ワンピースはいつもこの布が手に入ったタイミングで同じものを製作しており、おそらくまた作られるであろうということ、色は藍と黒のほかに、白、生成り、紅があることを店員さんがそっと教えてくれた。紅は力強くていいだろう、白もきっと悪くない。でも、生成りはきっと、私にぴったりだ。藍色とミルク色の布が折り重なるように豊かに揺れる光景を想像しながら、うきうきと店をあとにした。

厄介な双子

二〇一七年五月の頭、少なくともあと半年は生き延びようとISSEY MIYAKEの秋冬ものストールを予約した。布地自体の畝《うね》と布全体のうねりとがあわさって、有機物のようだがまるきりそうとも判じ難い独特の気味悪さがあり、それが良かった。首に巻けば毒を吐く海藻《かいそう》のようだし、身体を覆うように纏えば大きな獣の内臓を切り開いて洗って干した野性味あふれるマントになる。穏やかなはずのグレーベージュも、干からびきって血の気のない、断じて食用ではない肉の色のようだ。私のための服であったが、同じくらい家人のための服でもあったので、買わない理由はいよいよなかった。

私にとって、物欲は生きる力と直結している。あれが欲しい、あれを身に付けたい、あれが手に入るまでもう少し我慢してもいいかもしれない、その積み重ねで自分をちょっとずつ誤魔化しながら、誤魔化しを力に変えながら、なんとか横隔膜《おうかくまく》のあがりさがりを止めないでいる。

今いちばん辛いのは日々の労働なのだけれど、労働ですり潰されてしまいそうなものを、その労働により得られる対価でなんとか補強しながら日々を過ごすのは愚かだろうか。労働で得られるものはすり潰されるものを補塡《ほてん》してなお剰《あま》りがあるだろうか。

私は物欲を生きるための頼りにしているし、我が事ながらその勢いには結構な好感を抱いてもいるが、物欲に労働がべったりと張りついていることを直視させられてはぎょっとして、そのあとじんわりと苦い気持ちになることをたびたび繰り返す。

一方で、労働のこともどこか憎み切れないところがあり、そのことに関して明るい気持ちになっていいのか薄暗い気持ちでくちびるを嚙めばいいのか、よくわからないでいる。労働と物欲は血のつながらない双子のようだ、と思う。

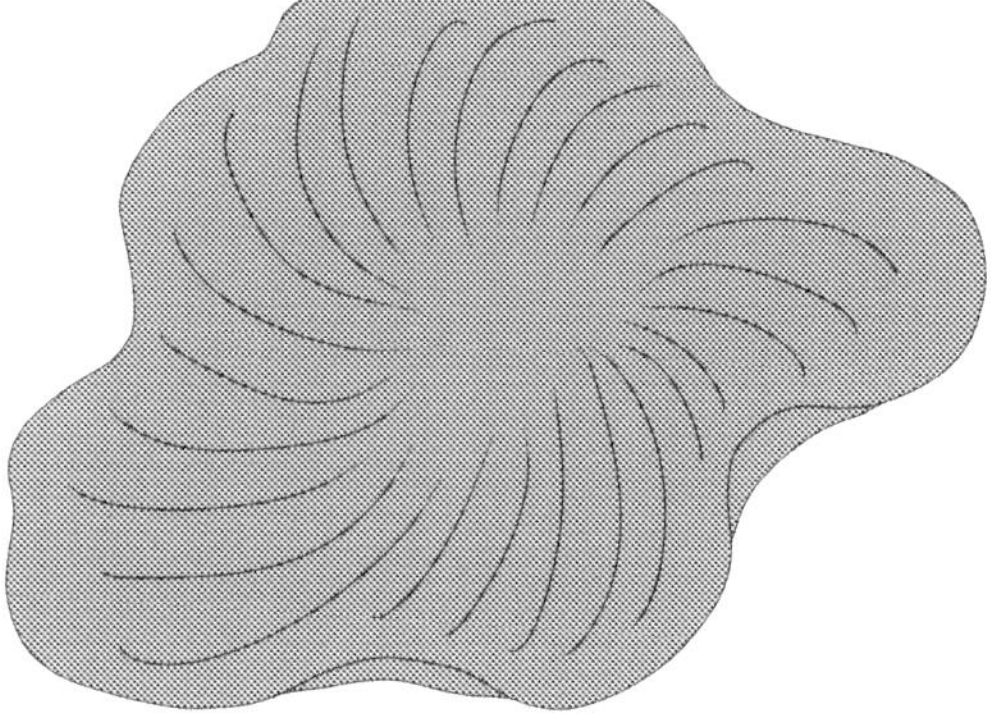

けものになろうよ

シミズは基本的にはおだやかな生き物だ
仕事進まないってて、ヤマウチなら大丈夫 お茶でも飲もっか
基本的には
ほら お土産のプリン 一緒にたべよう
ぜんぶ滅べ〜ッ!
ひょっ
だんだんっ
もう生きているのがイヤだ〜ッ
けっこう派手にあばれてんな…
う〜む

こうなると
べつの生き物
みたいね
ついじっと
観察
してしまう
おーん
おん
泣き叫ぶシミズに
びっくりして
死にたい
もう全て
いやや〜
ギャー
えっ
えっ
なんで?!
おれもいっしょに
わんわん泣いたのは
何年も前のこと
消えてえ
なんで
生きてんのか
分からん
あばれるシミズを
何度もなだめるうちに
わかったことがある
ふふん
はいこっち
死ぬ〜

こうすると
どうやら静かに
なるらしい
ぽん
ぽん
ぽん
ぽん…
もぞっ
これは
喋る気分に
なったたな
今日ね…
職場で
きつい言い方
されたの
ぽろ
ぽろ
そんなことが
あったのね

あっあっ…あんなふうに言わなくてもいいのに〜
ぐすっぐすっぐすっぐすっ
泣き顔カワイイとか今言ったら怒るよな
昔同じことでやらかした
我慢
おれたちにとって人間のかたちを保ちながら暮らすのは大仕事だ
そかそか
それは大変だったね
帰ってきたならいっしょにけものになればいいよ
ぷるぷる
仕事やめたいやめる〜
うんうんそだねー

来月のボーナスを待たないことにはCOMME des GARÇONSの白いシャツが逆立ちしても買えないということがわかって昨晩はふて寝したし起きてからは声をあげて泣いた。ただの白いシャツではない。脇のところに切り替えがいくつも入っていてふわりと裾がひろがっており、一方で袖も甘くふわりとふくらんでいることが着用するとはじめてわかる、ふわりふわりとしているのに全体にはたいへん凛々《りり》しく知的な白いシャツである。世界一似合う服を見つけてしまった。あのシャツが私の手元にないのは半身が引き裂かれたままなのと同じで、今も私たちの断面からはぼとりぼとりと鮮血が滴《したた》っている。

来シーズンには来シーズンの、「世界一似合う服」とまた出合ってしまうのもよくわかっている。世界ではシーズンごとに工夫をこらした素敵な服たちがたくさん造られているし、数年前、十数年前、あるいは数十年前のイカしたお洋服たちも常にさまざまな経緯で市場に出回っているのだから。それでも私が今の私の優雅さと知性を生きるために一番必要なのはあの白いシャツなんだ。

しかし来月は大好きな友達の披露宴があるし、とんでもないタイミングでスマホが壊れるし、どうしても外せない芝居のチケットも確保してしまった。ほかのすべてを諦めれば、あの白いシャツは買えたかもしれない。しかし私にはそれは出来なかった。

欲しい、欲しいと泣き叫ぶ私のまえで、ゴムがのびきってしまったTSUMORI CHISATOのパジャマのウエストをおしりのところで髪ゴムでくくり、出べそみたいにぴょこんと飛び出させ、ほら、うっちゃん、しっぽだよ、しっぽだよと振ってみせた人物がいる。家人だ。物欲で憔悴《しょうすい》しきった私を泣き止ますことができるのは、この世で家人とうちの実家の犬だけである。このひとりと一匹が生きている限り、私はお洋服以外のことも諦めるわけにはいかないので、今日もうっかり頬を濡らしたままふにゃふにゃと笑ってしまった。

早く来月の給料日が来てほしい。

ボーナスが出た。魂が貴族なため労働には不向きなのだが、生憎《あいにく》、魂しか貴族じゃないので勤めに出ている。忸怩《じくじ》たる思いがないではない。しかし、私が持ち合わせているのは労働ごときですり潰されるような柔《やわ》な貴族らしさではないのでそれなりにやっている。それはそれとして、ボーナスが出た。

ボーナスが出るまで気が気じゃなかった。どうしても手に入れなくてはならないものがあったからだ。COMME des GARÇONS のたっぷりと切り替えの入った豊かな裾の白いシャツ。頼りなさとは無縁の可憐《かれん》さというものがこの世にはあるのだ。手に入れる、というよりも取り戻す、と言った方が正しい。試着室で自分の半身に再会する幸運を知ったはずだったのだが。

私は運命の再会を果たしたのとは別店舗の試着室にて困惑していた。それぞれ異なる風のはらみ方をする裾と袖のラインは明らかに求めていたそれで、見間違えようがない。確かに良い服だ。そして私にとても似合っている。しかし、何かが違う。……丸襟？　あの服は、こんな丸襟をしていたっけ。あのとき抱いた印象よりも、なんだか愛らしすぎるような気がする。でも、裾と袖が同じフォルムで襟の形が違うものは、置いてなかった。あ、ひょっとしたら、丈が違うのかな。

微細な違和感が不安を呼び、不安が判断力を鈍らせていく。試着室の鏡にむかってスマートフォンのカメラを起動する。作りもののシャッター音が妙に大きく感じられた。もつれる指で家人に画像を送信してから、「これだよね？」と続けて送る。そのときはちょうど十三時ごろ、家人が参加している漫画の勉強会が始まるか始まらないかの時間で、すぐ返事が来ないだろうことはわかっていた。

試着室の扉を開けると店員さんがこちらに気がついて、サイズ大丈夫そうですね、と声をかけてくれる。これ、ひょっとして丈違いとかありますか、ともごもご尋ねると、少し考えてからありません、ないはずです、と返事があった。心細かった。自分の信じた優雅さも美も知性もぐらぐらとした不確かなものに感じられて、情けなくて涙がにじんだ。しかし、あれほど欲したものを手に入れそびれることが、怖かった。

夜になりかけたころ、家人から返事が来た。

「襟のかたち、こうだったっけ」「でも、あなたが気に入ったのならいいと思う」

右手にひっかけたCOMME des GARÇONSの紙袋を取り落とさないよう、手と足の裏に力をこめなくてはいけなかった。己のあまりの愚かさに意志の力で今すぐ呼吸を止めてそのまま二度と再開したくなかったが、いるのか知らないけれど物欲の神様に申し訳が立たないと思ってやめた。死ぬのなら、せめて一番欲しいものを手に入れてからにしなくてはならない。

家人と合流してCOMME des GARÇONSからそう離れていない贔屓《ひいき》のタイ料理屋に入った。つらいことがあったときほどまずは食事をきちんととることにしている。しかしカオソイを待つあいだにも、本当にこのシャツが本来求めていたもので、焦がれるあいだに理想が肥大化しすぎてしまったのではないかと疑心暗鬼になり、また己の美意識がうつろいやすく脆弱《ぜいじゃく》なだけなのではと怯えた。チリソースがかかった熱くてぷりぷりの鶏肉にかじりつきながら、もういいんじゃないか、と思いさえした。本当に丸襟じゃないシャツがあるのかわからないし、そもそも丸襟のこのシャツだって私にはぴったりだ。というか、元来、丸襟は大好きだし、似合うし。久しぶりに品行方正な少女の真似事をするのも良いかもしれない。そこまで一瞬で考えてから、は、と意識を取り戻す。言い訳と妥協ほど醜いものはない。絶妙な甘辛さと弾力を丹念に堪能してから、鶏肉をジャスミンティーと一緒に飲みこんだ。

食後はまたCOMME des GARÇONSに戻り、先ほどとは違う店員さんに尋ねたところ、少々お待ちくださいとノートパソコンを叩いてから、裾と袖が同じだけれど襟はついておらず首の中央のところに浅く切れ目が入っているだけのデザインのものがあります、ただこちらの店舗には置いていなくて、と近くのいくつかの店舗を挙げてくれた。私はどんな顔をしていたのだろう。返品は一週間可能ですよ、と告げる店員さんの表情と声音《こわね》には、冷静な優しさがあった。

帰り道、冷たい風に吹かれながら、明日行ってこようか、と家人が言った。しかし申し訳ないから、来週末行けばいいし、という言葉をかろうじて絞り出したあとの私は、口の中であぁ、とか、うう、とか呻《うめ》くばかりだった。

友達の結婚式に着ていく服を探していた。直近の結婚式では、丸山邸 MAISON de MARUYAMA で購入した古着の黒いドレスを着用し、ともに生きていくあたらしい家族を自身の知性と勇気をフル活用して獲得した親友のためのスピーチをぶちかました。そのドレスは胸の下で切り替えの入った、黒いベルベットのすっきりしたロングドレスで、スカート部分は無地だが胸もとには花火のような遠い雷のような金色の光が走っている。胸苦しくなりながらうっとりしてしまう、恰好いいドレスだ。何度着てもその価値は損なわれず、現にすでに何回も袖を（ドレス自体はノースリーブなんだけど）通しているが、次の結婚式にはあたらしいおべべが必要だ、と思ったら居ても立ってもいられなくなってしまった。魂が貴族なので。

そんななか、またしても COMME des GARÇONS で運命の一着に出会ってしまったのだった。日暮れを待つ蝙蝠《こうもり》たちのように黒い上着がひしめきあっているなかで、飛び出した優美な尻尾はとくべつ目を惹いた。引っ張り出してみると、それは燕尾《えんび》のジャケットだった。後ろ姿が魅力的なのは無論だったが、そのまま着れば端正にはねあがった下襟が主張し、釦《ぼたん》で留めれば凛々しいスタンドカラーへと変貌する襟もとも、なんともにくいデザインだった。その場で羽織らせてもらい、購入しますと宣言するよりも早く、袖丈や肩幅の直しにかかる費用や時間について店員さんに確認していた。ただでさえ素晴らしいものがより良くなって帰ってくる目途がつき、満ち足りた気持ちで店を後にした。ちなみにそのあとはひかえめに帰路についたりなどはせず、ISSEY MIYAKE に寄って Yohji Yamamoto も覗《のぞ》いた。

その後、私とジャケットは死ぬまで幸せに暮らすかと思われた。しかし、世の中はそんなに優しくわかりやすくはなくて、もっとどうしようもなくて、途方に暮れてしまうものだった。

イギリスの国外へ向けた放送局である BBC world で、COMME des GARÇONS の下請け会社が技能実習生を劣悪な環境に置いていたことが報道された。[*1] 衝撃的である。デザイナーである川久保玲《れい》は「どこかの工程で誰かが泣いているかもしれないのに、安い服を着ていていいのか」と二〇〇九年十二月にasahi.comによる取材のなかで語っていた。[*2] しかし、危惧されていたその事態が、ほかならぬCOMME des GARÇONSが世に出る流れの一部に組み込まれてしまっていたという事実が、白日のもとに晒《さら》されてしまったのである。COMME des GARÇONSは自社で従業員の健康や安全は守られているとし、二度と同様の出来事が起きないよう下請け会社が確約した、とのコメントを発表している。そのコメントを見て、店舗の清潔で毅然《きぜん》とした内装と漂う香り、接客してくれたユニークな店員さんたち、そしてつい先日手に入れたばかりのジャケットのことを考えて、私は石を飲んだような心地がした。その石はちょうど鎖骨のしたあたりにそのまま巣食ってしまい、もう容易には吐き出すことができないのだった。

確かにことが起きたのはCOMME des GARÇONSの内部ではなく、あくまで取引先だ。おそらく今回のニュースに遺憾の意を示している多くの者はブランドそれ自体を悪と見なし、責めたてたいわけではないだろう。またブランド側のコメントも間違ってはいない、のかもしれない。ただ事実を述べたのだ。しかし私は、誰かが搾取され、虐《しいた》げられることへの怒り、そのようなことは二度とあってはならないという強い表明を、COMME des GARÇONSには発してほしかった。

COMME des GARÇONSの反骨精神を愛好し、信頼し、一目置いてきた者たちは、ひょっとしたら裏切られたような、しかし自分も共犯者であったと突きつけられたような、二重の傷つきを抱えているかもしれない。私はニュースがあってから、自分とCOMME des GARÇONSとの距離をはかりかねている。しかし、友人カップルの結婚式には、おそらく迷いながらも結局あのジャケットを羽織っていくのだろう。

一度手にしたものを捨てきれず迷う自分を、というよりも、それがまるで免罪符であるかのように迷ってみせる自分を卑《いや》しく思う。ただ、この服もまた己の半身の数あるうちのひとつだと確信する一方で、これは誰かの尊厳や矜持《きょうじ》、心身の健康をすり潰して織り込まれた服なのかもしれないと考えると、服と私だけの世界に没入することもできないのも本当だ。そこにある冷ややかなグロテスクさをなかったことには最早できない。服を選び、購入し、纏うという行為の意味合いが、私にとって変質しつつある。

果たされないかもしれない組み合わせを頭に思い浮かべる。目の覚めるようなフリルがついたRalph Laurenの白いブラウス。ゆたかな裾が金色に光りながら翻《ひるがえ》る、さまざまな種類の白や生成りの布を剝ぎ合わせたうつくしいスカートはセミオーダーだ。頭にはなんの役にも立たないがただ可愛い、ベロアの輪っかを載せよう。最後に羽織るものは、もう決まっている。

恍惚《こうこつ》と困惑と嘔気《はきけ》が私を苛む。せめて嘔気だけでも解消せんとえずいても、架空の石が喉を圧迫するばかりだ。現実のあのジャケットはわが家のクローゼットで、ほかの衣類たちと一緒に、今はただ静かに眠っている。

＊1　「日本で「搾取」される移民労働者たち」『BBC NEWS JAPAN』二〇一九年八月二十六日(https://www.bbc.com/japanese/video-49471735)。最終アクセス日：二〇二四年一月三日

＊2　「いい物は高いという価値観も…川久保玲」『朝日新聞デジタル』二〇〇九年十二月二十一日。最終アクセス日：二〇一九年九月二十三日（現在はリンク切れ）

家人が金髪

家人の金髪がごっそりなくなってしまった。美容師さんの軽快な鋏《はさみ》さばきのあとには、小型犬が一匹編めそうなくらいの物言わぬ毛の山が足元にこんもりと生成された。私と家人はいつも隣り合わせで髪を切ってもらう。家人が変貌していくさまをすぐそばで目の当たりにできるのはいつだって愉快だが、今回はまた格別だった。

二〇一八年の夏、家人は頭髪の一本一本をその先端まで金色の光で満たした。それは、それまで時折行っていた、世間的な信用があり安定しているとされる資格を用いた季節労働との決別を意味していた。漫画を描く人になる、と宣言した家人の無器用な矜持と身を割るような不安とを思う。

金髪は決意表明であり、願《がん》掛けであり、お守りでもあった。

作業用の白手袋をいくつもだめにし、首筋と肩甲骨をこわばらせながら、金髪を振り乱し家人は描いた。それは祈りと嘔吐《おうと》を兼ねており、おそらくそのほかの行為も担っていた。そうこうしているうちに、家人の漫画は人目にとまった。

金色の飴《あめ》細工のようなうつくしい鎧《よろい》を手放しても大丈夫になった家人の頭には、流星の尾のように毛先だけ金色に色のぬけた髪の毛たちが踊っている。この半年は絶え間なく彗《すい》星《せい》が落ちそれをまた打ちあげるような、怒濤《どとう》の日々であった。

さみしいときの話

シミズいつ帰ってくるんだっけか
あっ……今日は当直でいないんだった
いってくるね
僕もう今から家に帰りたい
シミズがいない部屋で過ごすの地獄みたい
時間が経つの遅いしこういうときに限って仕事が一段落してるぅ〜〜〜
ぴょーん
よし

今日は夜遊びしちゃうもん
近所の飲み屋で一杯…
わい
わい
うーんだめだ ああいうところは交流が発生していて怖い
シミズとよく一緒にいくご飯屋さんで なにか食べようかしらね…
しゅん…
えーっと
ご飯屋さん

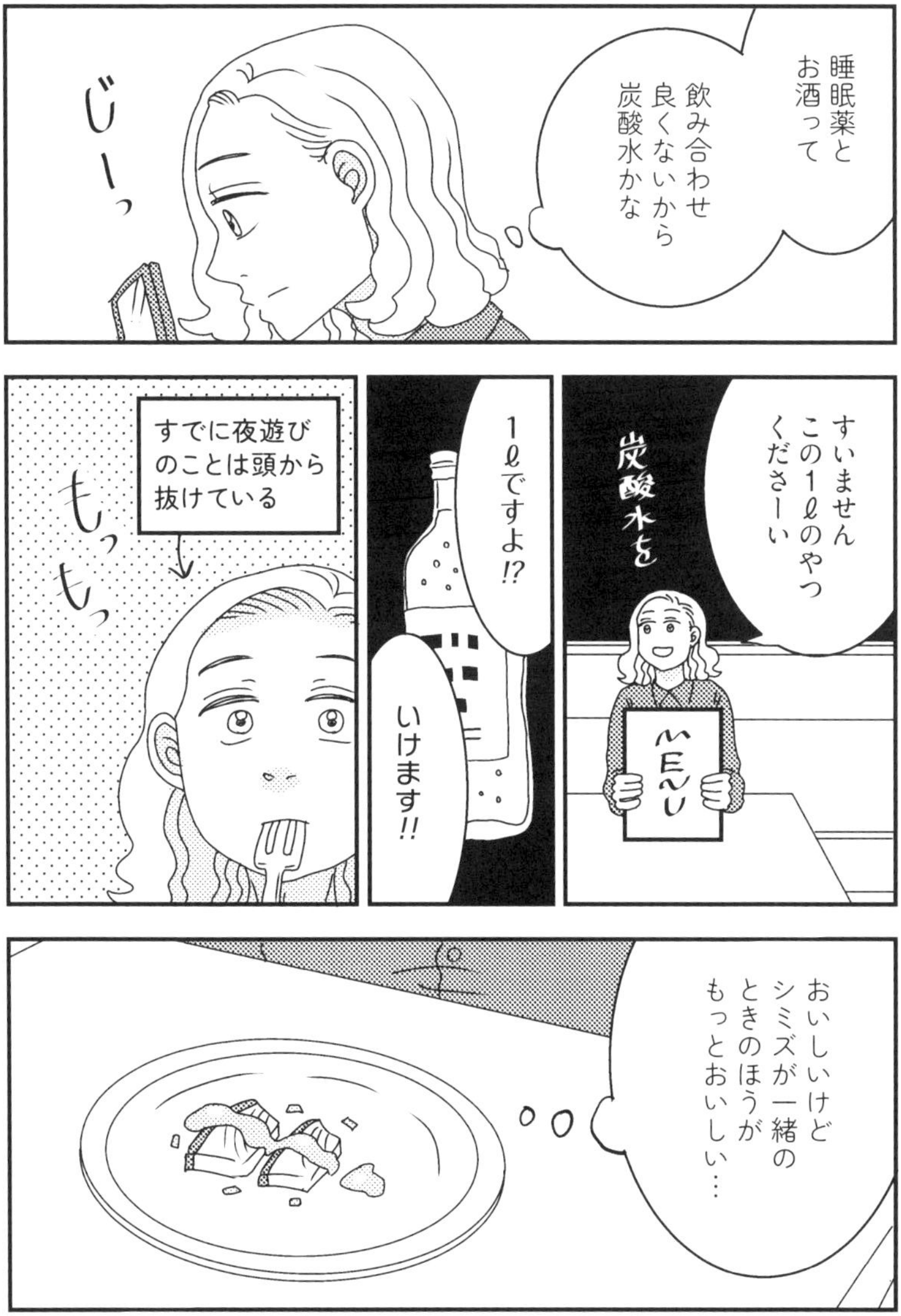
睡眠薬と
お酒って
飲み合わせ
良くないから
炭酸水かな
じーっ
すいません
この1ℓのやつ
くださーい
炭酸水を
MENU
1ℓですよ!?
いけます!!
すでに夜遊びのことは頭から抜けている
もっもっ
おいしいけど
シミズが一緒の
ときのほうが
もっとおいしい…

もう今日は寝ちゃうか
ふっかりーん
薬飲んだけど全然眠れないよ～シミズに連絡しちゃおう
シミズ起きてるかな…
ぴこ
さみしい
ぽこ
明日の朝帰るから待っててね
ほよ……

コロコロ
コロコロ
シミズの枕
ひょいっ
シミズの匂いがほのかに…
すんすん
すんすん
すんすん
うと…うと…
すこーっ

ただいま〜
げぇ…
おかえり
シミズ!!
あのねえ
昨日…
先に手を
洗ってくるから
待ってて
汚いから
昨日1ℓの
炭酸水
飲んだの
ジャー
は? なんで
そうなった
ふふ
だって
さみしかったん
だもん
ほんものの
シミズだ〜
なんだよ
それ

第5話
ふたりで暮らす

ヒヤシンス先生のこと

ふたりで暮らすには丁度いい大きさの部屋なのに、クローゼットだけいやに手狭だ、と思っていたが、それはどうやら違うらしい。先だっての春、しばらく身に纏う予定のない冬物のコートたちに埋もれて呆然としながら気が付いた。とりあえず問題を先送りにしようと、クリーニング店の冬物衣類預かりサービスにコートを持って行った。そのコートたちは近々、箱に押しこめられた状態でわが家にもどってくる予定だ。ちなみに現在、クローゼットの混み具合は春先よりも激化している。致し方ない。われわれの所有するコートは粒ぞろいなので、処分するという選択肢は初めからなかった。お屋敷の絨毯《じゅうたん》みたいなゴブラン織りの花柄コート、悪ふざけとしか思えない品揃えのおばさま向け洋品店でなお浮いていたピンク色のショートコート、家人の祖母が所有していた緑が鮮やかなYves Saint Laurentのロングコート、など。欠けたるもののない充実したコートライフと言える。捨てるくらいならこのあいだ見かけた韓国のアンティークもの衣装簞笥《だんす》を購入しよう。というかあの衣装箪笥が欲しい。可愛いのに重厚感もあって最高だった。

衣装箪笥からコートへ話を戻す。今回は、私のものでも家人のものでもないコートの話をしたい。

それは私と家人の、ある共通の友人が所有するコートだ。

その友人の仮の名を、ヒヤシンス先生、としよう。はるか四十年以上前、美少年すぎるあまり近隣の女学生たちから「ヒヤシンスの君」とあだ名されていたことに由来する。もっとも、男性として生まれ育ち、そのように扱われても構いはしないものの、自認としてはそうでもないようだ。

ドレスを纏い口紅をひいて、上品にポーズをとっている写真を見せてもらったことがある。ドレスが似合うんですよ、となんでもないことのように先生は言い、確かに今だってよく似合うだろうと私は納得する。先生は自分の容姿が好きで、それをとくに隠そうともしていない。

ヒヤシンス先生はうつくしく賢いが、同時にやや常軌を逸したけちでもある。私はしばしば自身のふくよかな物欲について書きつらねているが、ヒヤシンス先生は対照的に物欲を削ぎ落とした暮らしをしており、そのことに快楽を覚えているふしもある。

先生の自宅兼職場へと遊びに行くたび、明らかに物が減っていく。そのことに本人はたいそう満足そうだ。このあいだはついにデスクトップパソコンがひとつと、それから固定電話が消えた。

あるとき、ベッドも布団もいらないことに気が付きました、と嬉しそうに切り出された。どういうことでしょう、と返すと、寝袋さえあればいいんです、ベッドや布団のように場所もとらないし、私が突然死んでも片付けに手間取りません、洗えないのが難点ですがそれも中にシーツを敷いてくるまって眠るようにすれば解決します、と滔々《とうとう》と話してくれる。私はがらんどうの部屋で背中に感じる床の硬さを想像し、なるほど布団もベッドも偉大な発明であるなあ、としみじみした。

けちだけれど、けっして業突《ごうつ》く張《ば》りではないところが先生のずるいところだ。小綺麗とも言えないような古びた不動産をお値打ち価格で購入するのは先生の娯楽のひとつだが、その物件を生活上の困難がある人たちに格安で（ときに無償で）貸し出したりする。

私や家人が労働や生活に苛まれているときも、今はまあ気負いすぎずやってごらんなさい、いざとなれば住むところは提供できますから、とあくまでさり気なく私たちの肩の荷を軽くしてくれる。先生の優しさには一切の押しつけがましさがない。もし本人にそう感じている旨を伝えたら、私は結構冷淡な人間ですよ、とだけ返ってくるような気がするが。

先生が死に支度をはじめているのは、少し前から気がついている。寝具ひとつにつけても死ぬときのことを気にするような人が、仕事の整理について考えないわけがなく、私にすこしずつ仕事を譲るのもまあ悪くはないと目論んでいるようだ。経験も実力もはるかに及ばないが、私は先生と同業である。仕事を引き継ぐことを考えると具合が悪くなるような心持ちがするが、断って先生の寿命が延びるわけでもなし、いつかはそういうこともあるかもしれない。

私たちを指して、先生のお弟子さんですかと問われたとき、ほんの少しだけ鼻白《はなじろ》んだ様子で友人です、と答えた先生に驚いたことがある。そうか、私たちは友人なのか。確かに先生は私たちを導いているのでも守っているのでもなく、私たちは先生を畏《おそ》れているのでも付き従っているのでもなかった。

どうしてこの奇妙で優雅な人の生活に立ち入ることを許されたのか、今でもよくわからない。

先生が育んできた場所にひとりで座っている自分を想像する。同時に、数年前の春になる少し前、家人と先生と、三人でした旅行のことを思い出す。先生が嬉々として見つけてきた底値の宿へと向かう道すがら、獅子座はまだ見えませんねと冬の大三角を案外に無骨な指でなぞる姿を思い出す。

そのとき先生が着ていたのが問題のコートだ。なんでも手放そうとする先生が、きっと最期まで手元に置いておくだろう数少ない物のうちのひとつである。けちな先生のことだから、まだ使えるものは誰かに引き取られることを望むだろう。先生の最後の持ち物のうち私の物欲に適いそうなのはこのコートだけだな、と冷静に思うところもあるが、ではこのコートが欲しいのかと言われると、正直なところよくわからない。

そのコートは真っ黒で、無駄のない、少し地味すぎるくらいのフォルムをしている。胸もとには月と星をかたどった大きな留め具がしずかに輝いている。

先生の胸もと以外にあの月と星が浮かんでいるところを思うと、肋骨《ろっこつ》の内側でざらざらしたものがうねるのがわかる。ふだん使いつけない感情が私の物欲を曇らせているような感じがしてどうにも居心地が悪いから、今はこのことは考えないことにする。

亡霊と妖精

二〇一五年の春、私も家人もどこにも属さず寒気がするぐらい不安定で自由だったあのころ、家人がつくったベーグルサンドを持って近所の川べりで夢みたいなお花見をした。満開になりたての花がひっきりなしに強風のせいで散らされて、泥色をした水面《みなも》がだんだんと薄紅色になっていくのを見た。天気のよい平日の昼間、家人とふたり手をつないで、亡霊のように歩いた。

そもそもが限界だったのだ。ふたりきりの生活が始まるや否や、家人は寝込んだ。まともに寝込むために実家を出たようなものだった。

私は少し働いては少し勉強をして暮らした。家人も動けるときは働いたが、二人ぶん合わせても収入は微々たるものだった。ひたすらに切り詰め、ブルボンの袋菓子が特別に安い近所のスーパーでは、今週はホワイトロリータにするかルマンドにするか、いつも話し合って決めた。

贅沢をしてもいい日には、近くの小さなパン屋やケーキ屋でささやかな豪遊をした。ときおり連れ立って映画館や美術館に行くのを楽しみにしていた。最寄り駅のすぐそばに小さくて清潔なミニシアターがあって、平日の昼間から快活なお年寄りや眠たげな学生にしばしば混じった。

あるとき、家人が家のすぐそばのブックオフで、漫画や本を大量に買ってくることが続いた。そのほとんどは、特別欲しいものでも必要なものでもなさそうだった。その日起き上がれるかどうかも朝になってみなくてはわからなかった家人が、何かを自由にコントロールできた気になれる、数少ない機会だったのだと思う。しかし、必需品とは言い難いものに一度に一万円近く飛んでしまう、それが繰り返されるのは、とても続けられることではなかった。「本とか漫画ならいいかと思って」と繰り返す家人にそれを告げるのはひどく心苦しかったけれど、勇気を振り絞って「図書館に行こうよ」と伝えた。素直に頷く家人が痛々しく思え、その一方で安堵《あんど》もした。

ヒヤシンス先生は私たちの暮らしを気にかけつつ面白がっていた。もらいものだという美味しくない加工肉や、古びた石鹸《せっけん》などの品々をたまにくれては、私たちのことを気にかけるついでに不用品を片づけたりしていたようである。ちっとも使用感のよくない少し黄みがかった石鹸たちは、金箔《きんぱく》が練り込まれていたり、使い続けるとちいさな造花が顔をのぞかせたりした。

少々の努力と時間の経過により、次の春には私は本格的な労働を始めることとなった。それは、いくらか安定した収入が得られるようになるということと、地につける足もなくしてしまったようなすきまの時間が終わるということの両方を意味していた。家人はふとしたきっかけで漫画を描きはじめ、それを楽しんでいるようだった。やむにやまれぬ、というつもりで始めた図書館通いが思いのほか有意義であるらしかった。

慌ただしく新生活にむけた準備が始まった。しばらく壊れたままにしていた布団ケースを購入し直そうと最寄り駅そばのイトーヨーカドーを訪れたとき、それまで横目で見るだけだった雑貨屋に、なんとなしに入ってみた。そこには猫の形を模したビーズがなかで動くマウスパッドから、建付けの悪そうなテーブルまで、ありとあらゆる不要なものが揃っていた。小さな店舗の、さらに小さな食器コーナーに、白く浮かび上がる一角があった。

それは、花をまとう妖精の絵があしらわれた食器たちだった。やわらかく華やかな絵柄だが、よくみると存外にシンプルな線で描かれていて、詩情のなかに理性と孤独の気配があった。あとで知ったことだが、エルサ・ベスコフというスウェーデンの絵本作家の作品からモチーフを切り出して食器の意匠に用いたシリーズとのことだった。真っ白で滑《なめ》らかな磁器の表面には、それぞれ妖精たちがつらなるように反復されていた。

白い菫《すみれ》の花を帽子がわりにうつむく妖精のカップと、蒲公英《たんぽぽ》の花をかぶって微笑み踊る妖精のカップとをふたつ、選びとった。会計を待ちながらふと、今年の桜は昨年のようには眺められないだろうと気が付いた。亡霊のような自分のことが、実は決して嫌いではなかったことには気が付かなかったふりをした。振り返ると、たった一年間のことだったのだ。永遠に続くようにも思えたが、そうではないことを最初から知ってもいた。妖精と亡霊は、ひょっとしたら少し似ているのかもしれないとも考えて、自分の調子の良さに少しおかしくなった。

食器棚と食器と喪失

わが家の食器棚はもうとっくに満員である。私が大学生になってひとり暮らしをはじめたときに購入した、腰くらいの高さの小さな食器棚。全体には白い合板で出来ていて、正面からみた左三分の二をガラス扉が占めている。扉のノブも、観音開きのガラス扉から透かして見える背板も、床と接している帯みたいな細長い板も、もともとは無骨で鈍い銀色をしていたが、「ピンクにした方が可愛いのではないか」と十八歳になりたての私と母とで判断された結果、ＤＩＹの犠牲になった。積み重ねられた年月と湿気と物理的刺激の末に、現在、ピンクのペンキは趣《おもむき》ある朽《く》ちと色褪せを来《きた》し、少女趣味から別のなにかへと変貌している。

ガラス扉のそのすぐ隣、のこりの三分の一は、縦長の収納とかつて引き出しだった部分が収まっている。かつて引き出しだった右上の小さな区画には、今はただぽっかりと、四角く手狭な穴があるのみである。ある夏の夕、以前住んでいた海にほど近い街でその喪失は起こった。触覚の悪魔、空飛ぶ邪悪として知られる黒光りするあいつとの死闘。家人とともに錯乱しながら、そのときはまだ存命だった当該の引き出しのなかに虫を追いやり、ゴミ袋とガムテープを駆使しながらそこを封じた。虫殺しのスプレーを泣きながら購入しに行き（ふたりで行った。とてもではないが私も家人もひとりで家には残れなかった）、帰宅してからはゴミ袋とガムテープのあいだにスプレーのノズルをねじこんでスプレーを繰り返し繰り返し噴射、そのままゴミ袋のなかに引き出しを引きずり落として、捨てた。引き出しの中のカトラリー類も一緒にである。今、かつて引き出しだった部分では、布巾《ふきん》とランチョンマットが静かに収まっている。過去の理不尽で凄惨《せいさん》な出来事のことを知らずに。知らないままでいい。引き出しにとってはまったく予期しない、突然で残酷な最期だっただろうと思うと、今でも重たい罪悪感に苛まれる。時々一連の出来事を夢にみる。さすがにそれは嘘である。

冒頭で述べた通り、すでにうちの食器棚はいっぱいだ。なお引き出しがないことと、すでに食器の数がそのキャパシティを超えつつあることとのあいだに相関はない。それにもかかわらず、先日、思いがけず食器が増えた。

整体の予約をしようと電話をしたのである。贔屓の、なんだろうあそこは、魔女と番頭が営む整体屋さんでもあり食事処でもあるところ、私も家人も一緒にお世話になっているところ、そこの魔女に連絡をした。すると、閉店を知って連絡してくれたのかと礼を言われた。私も家人も閉店のことは知らずにいたため驚きとともにそう伝えると、もう知ってると思ってた、と電話口で驚き返された。ぎりぎりで予約をとることができたのは幸いだった。

数ヶ月ぶりにそこを訪れた。よく見知った、ひんやりと澄んだほの明るさはそのままに、戸惑いと忙《せわ》しなさの気配が空気をわずかに毛羽立《けばだ》たせていた。室内で放し飼いにされているクサガメも、いつもより落ち着きなく歩き回っては私の足や鞄《かばん》をつついた。

数ヶ月ごとに訪れては、生き方の答え合わせをしてまた背中を押してもらうような場所だった。置いていかれるような心細さと、最後に間に合った幸運を喜ぶ気持ちとがさざ波のように私の胸を押しては去っていく。しかし行かないでと縋《すが》って泣くわけにもいかない。この数ヶ月の感染症の流行と、社会情勢の急変がこの店の行く先を決定づけたのは明らかだった。

番頭の手作りだという大きな木のテーブルのうえには、手放すから欲しければ持っていってくれと大量の食器が並んでいた。常ならぬその様子は私たちの心をざわつかせた。が、食器。食器か。

我々の物欲は、寂しいときでも元気だった。

わが家の食器棚に、赤と青で対になった切子《きりこ》のグラスたちと、中華風の模様が鮮やかにプリントされた中国茶を飲むにふさわしいカップふたつと、青い唐草《からくさ》模様の大きいどんぶりふたつが仲間入りした。小さめのどんぶりから汁と麺が溢れてしまう心配をせずに食べるインスタントラーメンは震えあがるほどうまい。これからも麺をすするたび喪《うしな》われた場所、今はないどんぶりの出身地のことを思い出すのだろうか。私は薄情だし喪失に永遠に耐えられるようにはできていないからきっといつかその喪失のことも忘れてしまう。右上に永遠に埋まらない喪失を抱えたぎちぎちの食器棚に、洗ったどんぶりをしまい込む。このどんぶりもいつかは割れる。世界には色々な喪失がある。

仕事でうんざりするたび、あのとき詩情に殉《じゅん》じて死ねなかった報いだ、と嫌悪感と後悔とで全身が満ち満ちてそのまま破裂してしまいそうになる。実際に破裂したことはない。今のところは。私と勤労の関係は複雑で、つねに緊張をはらみ、微妙なバランスのうえに成り立っている。勤労に一切の喜びがないと言い切ってしまうと嘘になるが、愛しているとは言い難い。しないで済むならしたくないが、生きるためには先立つものが必要で、悲しいかな私は金銭を代替にして得られる心地よいもの、美しいものへの欲がかなり確かなほうだ。

自分が選んだ職業への負い目もある。立派な仕事だと言われるたびに喉の奥のほうがじくじくと冷える。世の中にあるほかのたくさんの仕事たちと同じように、いいところもあるが、最悪としか言いようのないところもある仕事。収入がまずまず安定しているのはありがたいけれど後ろめたいところ、無条件に「先生」呼ばわりされるのは恥ずべきところ、ちょくちょく汚かったり嫌われたりする仕事なのはつらいけどまあ仕方ないところ、たまに誰かの役に立てるのはいいところ、自身が権力をもつことを当たり前だと思い上がった同業者の姿を目にするのは恥と怒りで臓腑《ぞうふ》が焼けそうになるところ、しかし定められた枠組みのなかで安全や成果を提供するためには自身が先陣をきって権力を駆使する必要がしばしばあるのは苦しいところ。死に損ねた「あのとき」のことはいくらでも反芻《はんすう》できるが、一方で、もしそのとき死んでいたとして望み通りの殉死となったかというと、必ずしもそうではないことも知っている。詩情に殉じて死ぬのには才能か、あるいは並外れた覚悟が必要だろうと想像するが、そのどちらも私には備わっていなかった。自分の仕事や勤労を疎《うと》み世を厭《いと》うそぶりをしながら、そこで得られる益を安全地帯でぬくぬくと享受している私がもっとも卑しい。嫌悪感と後悔とで破裂できるならそのほうがよっぽど良かった。

　仕事が休みの日は大好きだ。自分がいくらか清潔な生きもののように思えるから。このあいだは平日の休みに、家人とふたり鎌倉に出かけた。雲のぬかるんだような重たさと勝気な日差しとが両立している、どこかふしぎな昼時だった。食事をとるにふさわしい場所を探そうとしていたはずが、駅前からのびる通り沿いにあるアンティークショップを見つけた途端、そのままぬるぬると店の中へと呑み込まれてしまった。骨董《こっとう》品を取り扱う店にしては明るく、こざっぱりとした店内をひとまわりもしないうちに、家人の目がひとつのデスクランプに釘付けになった。早い。

アカンサス模様のレリーフが彫られた台座から、金属のつるが有機的にのびてしなやかにたわみ、その先端にはシェードがうなだれながら咲く花のようについていた。ライラック色と薄桃色の色硝子《いろがらす》がはぎスカートの布地みたく交互にならんだそのシェードは、その色味とかたちとが相まって、ホタルブクロの花によく似ている。薄桃色の色硝子にはたくさんの小さな気泡が閉じ込められていた。尋ねると、六十年ほど前に作られたものだという。六十年前の空気は、躍動感さえ感じさせる姿のまま薄桃色の幻の海に閉じ込められて眠っている。

しかし結局、そのまま存在しない海に泡と一緒に沈んでしまうことはせず、ふたりで店を出て、小さくて開放的なカフェで熱いラザニアをはふはふと食べた。古着屋や雑貨屋をのぞいたり、また別のアンティークショップに足をとられたりしながら長谷《はせ》のほうまで歩き、近くまで来たら必ずと言っていいほど寄る、静かでちょっと薄暗いカフェで足を休めた。家人はフロマージュチーズとあんずのさっぱりしたケーキを、私は胡椒《こしょう》がきいた濃厚なチョコレートのケーキを。ケーキの凝ったおいしさと、アイスティの爽やかな飲み心地を楽しみながら、どちらからともなく、で、どうする、と尋ね合う。どうする、とは無論、先ほどのランプを購入するか否か、という意味の問いかけだ。きみの書斎に置くランプにいいと思うんだよ、と家人はもっともらしく頷く。なるほどと頷き返すが、われらが住まうまあまあコンパクトな賃貸マンションは生活スペースと家人の作業場を兼ねており、書斎などという夢と余裕があふれる空間は存在しない。いつかの書斎のためのランプね、と尋ね直すと、そう、と家人はなぜだかすでに満足げだ。

家人は「いつかの家」、すなわち「今はここにもどこにもない、しかしいつか私たちのものになるかもしれない、その家」についての話をするのを好む。その話をするたび、私の気持ちもまた確かにはずみはするものの、しかし同時にそこには、足元にそそけだつような薄さの氷が広がっているのを見つめるときの気持ちもあるのだった。消耗品ではないものを入手し、そしてそれを維持するには先立つものが必要で、その先立つものを得るための手段として今の私には勤労を続ける以外の選択肢がない。私は通勤のための定期券を買うのが怖い。定期券に記された日付までは少なくとも同じ電車にのって同じ場所に向かうことを繰り返すのだ、繰り返すことになっているのだと自分で自分に突きつけるのはおそろしい。しかもそれは自分自身で選んだことなのだ。定期券の購入の延長線上に「いつかの家」のための買い物はある。

気温と湿度が互いに競い合うようにして高みを目指すなか、カフェをあとにしたわれわれは結局、冒頭のアンティークショップへとふたたび足を踏み入れた。ランプは静かに私たちを待っていた。ロータリースイッチを指の腹できりりと回すと、優しく点《つ》いたり消えたりする。シェードがもしスカートだとしたら裾にあたる部分に、修復された跡があるのに気がついた。割れた欠片を内側から貼りあわせ直している。確かに、そうやって直してでも使い続けたいランプだ、と顔も名前も知らない、今後知ることもないだろう過去の持ち主に大いに共感する。逡巡するふりの儀式をこなしたのち、粛々とランプを購入した。店主とおぼしき上品なご老体が、割れないようにね、と微笑みながら丁寧に梱包《こんぽう》してくれる。片手にさげた紙袋は持ち運びにちょっとした注意深さを要する程度には重たくて、それでも緊張感よりも嬉しさが勝つ。袋から覗くブロンズ色のつるが、陽光をうけてやさしく光っている。美しいな、と思う。自分たちを取り囲む、自分たちが選びとった美しいものが増えたことの喜ばしさに、眼球の表面が潤《うる》む。「いつかの家」の幻は、私をときに追いつめ、ときになぐさめもする。

ヤマウチくん療養録

※この漫画では希死念慮を描いたパートが出てきます

ねえねえねえ
ごはん
何食べる?
米? 麺?
パンもあるよ
あっ
そういや
昨日の残りの
おかずあるから
やっぱ米ね!
僕に訊かなくても
よかったんじゃ
ないのかしらね…
らんら
らんら
ぼそ…
ヤマウチは僕と
暮らし始めた頃
寝込んで布団から
出られなくなった
時期があった
よっしゃ
あと
もう一品
作ったろ
まあ
元気なら
いいか

実家にいた頃
ヤマウチは
いつも不安定で
僕にたくさん
連絡をよこした
大丈夫か？
だけど春から
僕と暮らせると
決まってからは
新生活に
胸膨らませ
といった
ふうだった
カーテン
どーしよ
あー!!
あれいい
いいねえ
内定が
なかったことに
なるまでは
なんかね
規定が変わって
院卒じゃないと
雇えないんだって
やー
びっくり
だよね

口約束しかしなかったおれが馬鹿だったよ
研究員の扱いで勉強した分野の絵を描くなんて
そんな…
やりたいことでお堅く見える仕事をやれるって夢見た馬鹿だ
ちがうよ今になって急にさあ
言い出す方がおかしいって
卒業式も終わってんのに
いやおれが馬鹿だったんだ
ヤマウチは魂が抜けたようにふわふわして…

働けなくてごめん
布団がこの世にいるための重石の代わり
息吸ってるだけで生きててもしょうがないし
おれ もう死にたい
また言ってる…
つらいよねぇ でも僕はヤマウチに生きててほしいよ
ほんとにそう思うの
本当だよ

僕の人生にこんな入り込んでおいていまさらなにを言うんだ君は
おれシミズのことすっごい好き～～
伝わっちゃうでしょえ～へへ
だけどこの子このままだときっと消えてなくなっちゃう
苦しい…
消えたい…
どうしたもんかなあ
死にたい…
何回でも言うけどさ
僕は君が好きだから生きててほしい
どうしたらいいだろね…
ぐすっ
ぐすっ

ただいま〜…
あれっ
今日はちょっと元気があって縦になれたよ…
なんかさあ同級生たち仕事すごい頑張ってる
Facebook
そんなの見るなよ落ち込むだけだろ…
おれはみのむしみたいに布団かぶって
ずっと家にいるのに
みんなすごいよ
おれはなにもできないのに

漫画
ぴくっ
むかし漫画を描いてみたいって言ってただろ
漫画…
漫画かぁ…

ジュ〜
数年かかって
ヤマウチはいま
漫画の仕事を
やっている
終わったー!!
今月も無事
締め切りに
間に合った
みたいだ
よかった…
もう重石が
なくても
消えそうにない
そろそろご飯
できるから
お箸よろしく〜
うん
いま行く

詩情に殉じて生きのびる

それは陽気がいい初夏の日のことだった。私はまだ大学生になりたての十八歳で、その日は大学の同級生が幾名かで私の住むアパートに集まって、映画鑑賞をする約束をしていた。作品は、ヤン・シュヴァンクマイエル監督『アリス』。あの『不思議の国のアリス』を原作とした、奇妙でグロテスクな映画だ。私は深く考えず、短めの丈だがゆったりしたデザインの、淡い桜色の毛糸で編まれたニットカーディガンを薄手の黒いハイネックのうえに羽織り、白のコットンレースが幾重にも重なった古着の膝丈スカートを穿《は》いた。このスカートというのがくせものであった。たしかに、花模様に幾何学模様、淡い桃色や若草色に光るスパンコールが散らされたもの、金色の細いパイピングが端を飾るものまで、いろんな種類の白いレースが重なっており文句のつけようもなく愛らしいスカートだった。しかし、そのふわふわと甘い風をくるむような見目《みめ》に反し、手に持った途端にぎょっとしてしまうくらいには重たかった。しかもウエストサイズが極端に大きいため、スカートを腰のところで留め置こうとしても願いむなしく重力に従ってずり落ちて、最後には重厚な気配とともに着地する。そのため、おそらく元の持ち主の手によって二本の白く太いゴム紐がスカート本体へと縫い付けられ、後天的に吊《つ》りスカートへと変身させられていた。難儀なことに、その縫い付けられ方があまりにも乱暴なため、穿くときにはなんとかその肩紐がうまく隠れるように工夫するしかなかった。しかし、そのいびつさを補って余りあるレースたちの愛らしい重なり、光を集めたり繊細な影を落としたりするその姿はやはり好ましく、そして人の手の気配——それも限りなく雑でいい加減な手つきの気配がするところが、生きた花に似せることを一切放棄しているのに妙に生命力を感じさせる暴力的な造花を想起させて、私はそのスカートのことがどうしても憎めなかった。

まあ、愛すべきへんてこ古着の詳細はいったん、脇に置いておこう。本筋はこのあとである。私は前述の装いに、畳んだときに紡錘形《つむがた》にゆるく膨らむところとコットンレースの飾りが可憐な生成りの日傘をさして、同級生たちと集まった。ラーメン屋で昼食をとって、スーパーマーケットでおやつを買い込み、わが家へとなだれ込む計画である。そこで私の姿をひと目見た友達のひとりが言ったのだった。

「今日、アリスだね」

と。それに応えて私は言った。首筋から背中にかけて、ぶわわと汗の玉が吹き出すのを感じながら。

「いやそういうわけじゃないんだけどね」

嘘つくな。それも早口で。いや、実はこの文章の冒頭でも、私は小さい嘘をついている。「深く考えず」服を選んだというのは嘘だ。ヤン・シュヴァンクマイエルの『アリス』では、アリスは薄いピンク色のワンピースを着ているからピンクのカーディガンを選んだし、作中でアリスが履いていた黒色ではなく金色だけれど底がぺたんこのストラップシューズを履いているし。急に話し方が不自然になるわ目が合わなくなるわで、どちらかというと好意的な気持ちで声をかけてくれたであろうあのときの友達を戸惑わせてしまったのではないかと思うと、心苦しさとそれを上回る羞恥とに今思い出しても呻《うめ》き声が洩《も》れそうになる。

どうして私はあのとき、なにも覆い隠せていないうえに他者からするとなんら意味がない、なんとも不器用な誤魔化しを咄嗟《とっさ》にしてしまったのだろう。

当時の私がシュヴァンクマイエルのそれに限らず、アリスというモチーフを好んでいたのはその場に居た同級生たちには知られていた。それを隠す必要は毛ほどもない。中途半端なのにあからさまなコスプレをこっそりしたつもりでいたのにすぐに指摘されて恥ずかしかった？　まあそれもある。しかしそれだけではない。私がしていた装いは、アリスのコスプレであると同時に、ロリィタファッションへの密やかでぎこちない会釈《えしゃく》でもあった（アリスはロリィタファッションを愛好する者たちのなかで、圧倒的な、そして永遠のアイコンである）。そのために私の葛藤のあり方は、もうひと段階こみ入っていた。

フリルやレースやリボンにあふれたロリィタファッションの存在に気が付いたのは十四歳ごろのことだ。そんなのまったく気にかけていないという顔をしながら、しかし家では毎晩のようにこそこそと、旧式のマウスをがちゃがちゃ吠《ほ》えさせ、血走った目から放たれる眼差しで液晶を焼き切りそうになりながら、覚えたてのインターネットで「ゴシックロリータ」「ゴスロリ」と検索していた。こうしている間にも、手作りの洋服や小物を販売しているインディーズブランドのホームページをもう舐《な》め溶かしてしまうのではないかというくらい隅から隅まで眺めつくしては密かにため息をついた、苦くも甘やかな記憶がありありと甦《よみがえ》っては私の耳たぶを火照《ほて》らす。

しかし、中学生だった私の目と耳が直に届く範囲では、ロリィタファッションとそれを愛好していると表明する者たちは、積極的に排除や糾弾をされることはなくともやや遠巻きにされ、しばしばしのび笑いの対象にされていた。その者たちがのびのびと羽根をのばせる場所もどこかにはあったのだろうし、また別のどこかには白眼視《はくがんし》されるどころか、精神的な火炙《ひあぶ》りにあったような者たちもいたかもしれない。当時の私にとって「社会」とは学校の教室や、塾からの帰り道のことで、その「社会」においては過度に装飾的であることや度の過ぎたロマンティックを好むことは後ろ指をさされるような逸脱だった。あなたはああいうのが好きなのかと思ってた、という言葉で「そうじゃなくて良かった」ことを真剣な顔で告げてきた、仲良くなりたての友達がいう「ああいうの」はまさしくロリィタファッションのことであった。今ならなんでもなく言える、逸脱のなにがわるい、という言葉を放つのは幼い私の喉には荷が重かった。別にそれは私だけではなくて、それぞれの異形性をこっそりと抱えこんでいた同級生はきっといたと思う。堂々と異形をやるには私たちはあまりに幼くて、隣席の学友が異形であることを受け入れるのにもまた、幼過ぎたのだ。

高校生になってしばらく経ったころから、少なくとも教室のなかでは、みなが少しずつ他者の、そして自分自身の異形さについて寛容になりはじめたように記憶している。それでも私はロリィタファッションのほうをこわごわと盗み見るだけだった。装うことは好きで、未熟な試行錯誤を繰り返しながら楽しんではいたが、ロリィタファッションへと踏み出すことは相変わらず躊躇《ためら》われた。他者の異形さを嗅ぎつけてはにやにやと嗤《わら》う輩《やから》はやっぱりまだいたし、私は逸脱するのがこわいままだった。中学生でも高校生でも逸脱することをおそれない者たち、おそれながらも逸脱に踏み出せる者たちというのはいて、それぞれに理由や背景や葛藤があったのだろうと思うけれど、振り返ると目が眩《くら》むような心地がする。

大学生になっても、ロリィタファッションのその端っこにそっと撫でるように触れてはすぐに逃げ出すことばかりしていた。具体的には冒頭に語った通りである。一方で、豊かで底の知れない古着の世界に足をとられもし、そこにとぷんと沈み込んだまま、とっくに学生ではなくなった今も愉快に囚《とら》われ続けている。中学生、高校生のころ熱っぽいもどかしさとともに思い描いていた、本当はこうしたいのに、こうだったら良かったのにという装いが、経済的に自由がきくようになったことと、服選びや組み合わせの経験を積んだことで実現できるようになったのは喜びだった。着るものやその組み合わせ方はどんどんデコラティブになっていき、非日常を日常着として纏うことに腐心し続けた。その在り方はおそらくロリィタファッションと親和性が高い。また私が選ぶアイテムのうち少なくないものが、誰かには眉をひそめられそうな可愛らしさに満ち満ちており、それもまた、いかにもロリィタ的であった。灰色をした学生服のなかに身体を押し込めていたころに比べると、私の体感する「社会」はずいぶんと広がり、また心身を置く場所を自分で選べることも知って、ずいぶん私は身軽になった。自由に好きな服を着ているとむしろ喜んでもらえることが多いということを、そして異形であることの愉《たの》しさを、子供だった私に教えてあげたい。

ロリィタファッションに対しては、むかしあなたに憧れたから今の私があるみたい、と微笑むくらいの余裕を持てるようになった。ロリィタ的な要素を好みながら、いわゆるロリィタブランドには手を触れなかった。真正面からそこに没入することはしなかったのだ。私には私の領分があるから、大人になった今の私の、と穏やかに小さく手を振って静かに踵《きびす》をかえした。

そう、そうやって踵をかえしたはずだったのだが。つい先日、ロリィタブランドの店舗が立ち並ぶラフォーレ原宿のB1.5Fにて、色とりどりの薔薇の花びらが無数に舞うなか地を揺るがすように轟《とどろ》くファンファーレを従えて、ロリィタファッションが人生に入場してきた。今この文章を綴《つづ》っている時点で、その運命の日からまだひと月もたっていない。信じ難い。

どうしてそんなことになったのか。ドロワーズがほしいとＳＮＳで呟いたら、ロリィタファッションを纏って生まれてきた友達にすかさず捕捉され、あれよあれよという間に家人もまじえ三人でラフォーレへと出向くことになったのだ。購入するのはドロワーズだけ、と強く心に決めていたわけではない。もう嘘はつかずに言うのなら、友達と約束をしたときから、どこかでうっすらと予感はしていた。

その日購入したのは、まずは予定通りに、膝下丈の真っ白なコットンでできたドロワーズがひとつ。レースと細いリボンの細工が裾にあしらわれ、リボンをきゅっと結べば裾をしぼって全体を膨らませることができる。

そして想定外のもう一着、どうしようもなく愛おしい、裾の長いワンピースだ。生成りのコットン生地にはうっすらと薔薇の花たちが浮かび上がっている。ハイネックになった小さなフリルの根本からのびる、胸元の可憐なピンタック。生まれたての星のきょうだいたちみたいに連なって光るくるみボタン。肩のところはレースとフリルが重なって幾重にも影を作っている。もう手元にはない、いつかの奇妙なコットンレースのスカートが描いた魅力的な陰影が脳裏をよぎった。付属のリボンを腰で結んだり結ばなかったりでワンピースのシルエットはくるりと変化して、それぞれクラシカルな愛らしさは共通しながらもみごとに雰囲気が異なっていた。

そのワンピースは私によく似合い、そして家人にもまた似合った。私は「お屋敷の家庭教師」で、家人は「お屋敷のなかで迷子になった子」だという友達による評が適切で、今思い出しても笑ってしまう。家人には家人の、ロリィタファッションへの思慕と葛藤があったようで、動揺しながら頬をばら色に上気させていた。

ワンピースを試着したとき、どうしてか、中学校に入学したら文芸部が廃部になったばかりだったこと、高校を卒業するまで文章を書くことをなんとなく隠していたこと、大学生活には驚くほど馴染《なじ》めなくて肌も生活も綻《ほころ》びだらけだった時期があったこと、いつの間にか「自由気儘《きまま》に振舞えるタイプ」という仮面をつけて周囲を窺《うかが》いながらうまくやれるようになっていたこと、そういったことが次から次へと頭に浮かんだ。内外からの抑圧に苛まれロリィタファッションに長らく手をのばせなかったことと、それらは相似形を成していた。今となっては異形であることを愉快な気持ちで自ら引き受けるようになった私にも、癒されるべき傷跡がまだ残っていたのにはじめて気がついた。そして私はほとんど天啓みたいにして、あ、詩情に殉じて生きのびよう、と思ったのだ。詩情に殉じて死ねなかった自分を責めるのはもうやめにして、ずいぶんと遠回りだったけれど、あるべき魂のかたちと再会したことを、ただ言祝《ことほ》ごうと思った。

エピローグ

胡蝶の夢

僕はたまに君と僕が出生時に女性として割り当てられてる世界を想像するんだ
おれもおれも!! なんでだろうね そういう世界がある気がするの
きっとさあ…
あっちのおれたちも服とか靴とかきれいなもの好きだよきっと
ほう…

ムカつくことたくさんあるんだろうな…
僕たちは意に沿わずともなんだかんだ
男の枠組みで生きてるからね
でもヤマウチはこの枠組みの中で生きることが苦しいんでしょう
そうだねおれノンバイナリーだもんよ
僕は男ならこうするだろうとか
そういうのにうんざりしてる

シミズも苦しいんだね
きっと向こうも女の枠組みの中に入れられて
うんざりしながら毎日生きてるよ
見てきたように言うね 君は
いやあ…
ある気がするっていうか
ぽすっ

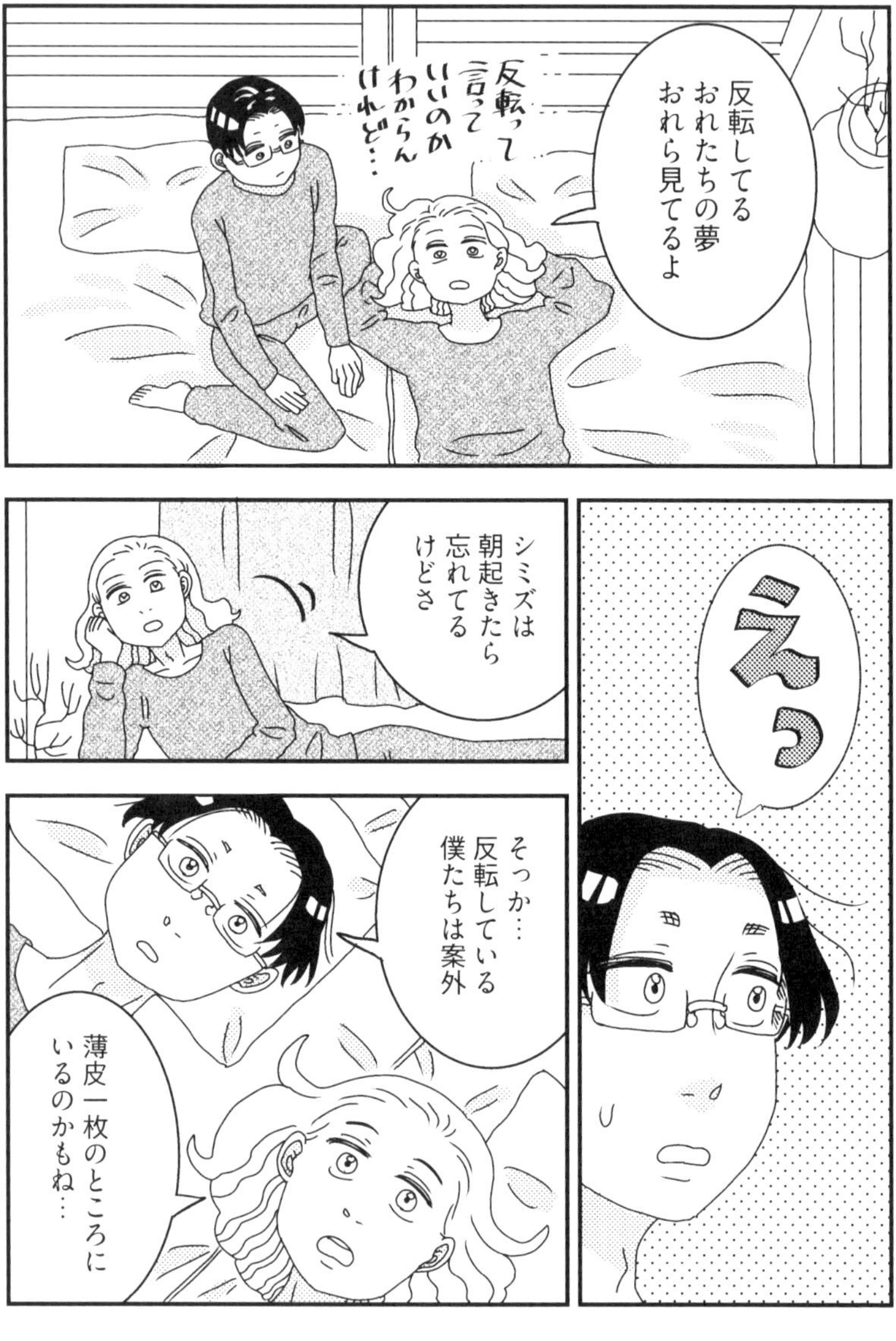
反転してる
おれたちの夢
おれら見てるよ
反転って
言って
いいのか
わからん
けれど…
シミズは
朝起きたら
忘れてる
けどさ
えっ
そっか…
反転している
僕たちは案外
薄皮一枚のところに
いるのかもね…

ねえねえ
もし自分の家
持てたら
壁紙は緑が
いいと思う
まーた 君は
その話をして
もーっ
……もう
遅いから
寝ようか
すや
ぐにゃ

あたしたちが
反転してる夢
見たかも…
私も見た
気がする
向こうの二人も
よく生き延びてた
そうだね
こっちの我々も
とんでもない
この世の中で
暮らしていこう
生き延び
生き延び
とりあえず
ごはんたべよ
なにに
する？

あのころ魔女に なりたかったの

つま先の痛みとともに「この靴、小さくなっちゃったね」と言われるのを何回も繰り返してから、「時間の経過とともに身につけられないものが出てくる」ということに気が付いたとき、子供心にひどく心細くなった。捨てられるのは洋服や靴や帽子のほうなのに、置き去りにされるような気持ちを抱かずにいられなかった。靴が小さくなったのではない、私が大きくなってしまったのだ。

たとえ身長が変わらずとも、衣類を着られなくなることはある。すっかり摩耗した服が「もはやここまで」と悲鳴をあげているのに、それでもまだあきらめ悪くなんとか着続けられないかと試行錯誤をし、その末にようやく別離を受容する、ということはしばしば起きる。

まだまだ着用自体は可能な服でも、流行《はや》りからずれてしまったから着られない、ということもあるだろう。私個人の好みからいうと、流行っているからという理由で服を選ぶことはないのだが、百貨店でも古着屋でも通販でも、どこかで服を購入しているのなら、私たちはほぼ間違いなく流行りからは逃れられない。何の気なしに購入したブラウスやズボンを、翌年クローゼットの奥底から引っ張り出してきたらどうも往来を歩くにはしっくりこなくて困惑するあの感覚、まずまず共感してもらえるのではなかろうか。そのたび私は、自分も知らぬ間に流行の網の目に乗せられているのだと実感する。

それでも、たとえ穴があこうと流行遅れになろうと、着たければ着ればいいのである。その服が好きなのなら、穴にリボンを通し鮮やかな糸でかがりド派手な端切れをあてがえば良い。知恵とセンスをしぼって膝をうつような組み合わせを捻《ひね》りだし、他者からのお節介でべたついた眼差しは無視する。

しかし残念ながら、そしてこのうえなく残酷なことに、それらを押しのけてなお服が着られなくなるときというのがある。ふさわしくなくなる、とでも言えばよいだろうか。

かつて私の半身を務めたジャケットがある。この島からは撤退して久しいJohanna Hoというブランドのもので、言葉では言い表し難いデザインをしているのだが、頑張って表現してみる。色は黒。身頃《みごろ》と袖とフードが一体になった形をしており、裾には共布《ともぬの》の硬いフリルがふんだんにあしらわれている。丈は短めで、袖もがぽっと広いがやや短い。ポケットのところにはリボンがついており、結んでもそのまま垂らしても良いようになっている。巨大な頭巾を羽織っているところを想像してもらうと近いかもしれない。

これは魔女の服だ、と思い、店頭で試着をして購入を決意した。ぎりぎり子供だったころの金銭感覚からするとなかなかいいお値段がしたが、親を質《しち》に入れるほどではなかった。せいぜい、どうしてもどうしてもこれがほしい手に入らなかったらどうなるかわからない、と親に無理を言い募るくらいで済んだ。

編み上げになったリボンがついているスカートとセットアップになっていたが、普通のブルージーンズとあわせてもどこか奇妙で可愛い。白地に黒のピンストライプのブラウスをなかに着こんだり、無地のタートルネックを合わせたりしていた。満足はしていたのだが、不満もあった。友達に、「黒ずきんちゃんだねえ」と言われるのが、どうやら褒められてはいるようだったが納得いかなかったのである。私は魔女になりたかったからだ。しかし似合っていたので着た。どうやったら魔女になれるのだろうと思いながら何回も着た。

二年経ったとき、異変が起きた。冬が終わりきって春が勢いよく深まろうというその瞬間、どれ久しぶりに着ようかなとジャケットに袖を通した。すると、なんだかおかしいのである。前と同じ服、同じ組み合わせ、同じ人間であるはずの私。黒ずきんちゃんではなく勿論魔女でもなく、ひどく中途半端な様子であった。

未練がましく幾度か着たが、退く勇気も思い切って手を入れる度量もないのは、ひどくみじめだった。

そうこうしているうちに、家人と一緒にいるようになった。あるとき、物は試しと家人にジャケットを羽織ってもらったが、そこそこには似合うものの劇的な感動はなく、家人も然程《さほど》関心がないようであった。残念ではあったが、納得もした。しかしつい先日のことである。家人と家の外で待ち合わせた際、家人が件《くだん》のジャケットを数年ぶりに身に纏っていたのである。黒いなんでもない長袖Tシャツに、細身のやっぱり黒いズボンを合わせていた。ジャケットのやや色の抜けた、朽ちはじめたような黒が、家人の脱色したての明るい金髪によく似合っていた。

そうとは望まず疎遠になってしまった知己《ちき》に、思いがけないところで遭遇したような驚きと懐かしさ、そして喜びがあった。案外気まずくはならないものだった。

「金髪にしたのが良かったのかな」

「たぶんそれだけじゃないよ、それも大いにあるけど。年とったのが良かったんじゃない」

「そうかもね」

私にとっての魔女、ってなんだったのだろうなあと考える。それはたぶん、自由でのびのびとした逸脱者だ。力強く快活に、自分だけの特別な足場を固めつつある家人にあのジャケットが似合うようになったのは、まったく自然な話なのかもしれない。

今の私が着ると、あと少し、という感じがしてなんとも待ち遠しい。

あとがき

清水

この本は、いちクィアカップルである山内尚と清水えす子が共同で執筆した、主にふたりの暮らしに焦点を当てたエッセイ集になります。

山内

僕は普段から漫画を商業で描いてきたけれど、えす子ちゃんは初めて同人誌以外のかたちで文章を編み直したかと思います。書いてみてどうでしたか？

清水

同人誌からの再録も多くて、一番古いものはおそらく七年くらい前に書いたものになるんだよね。読み返してみたら、良いとか悪いとかじゃなくて、自分の書いたもののことが私は結構好きだなあと思いました。

山内

えす子ちゃんの文章、僕も好きですね……。読み心地も良く、内容もぎっしりしていて、眼差しもやさしいのだけれど、視点がきちんとえす子ちゃんの美意識に基づいているところとか。僕は自分が担当したところ、自信がないわと思いながら描いてました。本当はそういうこと言っちゃいけない気もするんだけど（笑）。

清水

実感に根ざしたみずみずしくて率直なエッセイ、ポップでやさしい漫画……と、尚くんのパートのことも私、好きですけども。苦しみながら楽しみながら、私たちにとって嬉しい本が作れたのではないかと思います。この本を手にした方にとっても、嬉しくて、安心するような一冊になっていたら幸いです。

山内

本当にそんな本になっていてほしいです。心が傷つくことなく安全に読めるものがあることって、とても貴重だと思うから。もちろんそのためにはそういう表現を我々がちゃんと描けていないと意味がないんだけどね。

清水

そうだね。できる限りの配慮と注意をしたつもりだけど、それでも行き届かない部分があるかもしれない。数年後に読んだら、この本の中の記述がすっかり古びている可能性も十分にある。実際、昔に書いた文章は表現を改めたところがまずまずありました。そのことを考えると緊張するし、怖くもあるんだけど、その怖さと責任とを引き受けて、これからも物を書いていきたいと思っています。

山内

今回は表現について、知り合いや友達からもアドバイスをもらっているのよね。そして、内容については編集者の天野潤平さんが、デザインについては高井愛さんが、いくつもの素晴らしい提案をしてくださいました。皆さまありがとうございます。

清水

なにより、この本を手にしてくださった方々への、感謝の気持ちでいっぱいです。またお会いしましょう。

おまけ

寝床のとりあつかい

シーツを久しぶりに洗った
パンッ
ヤマウチはこういうことに無頓着なので
もく もく
僕がやるしかない
これで寝床はふっかふか最高の眠りが約束された
さら…
僕は今宵風呂に入ったぴかぴかの身体で
布の合間へと滑り込むのだ
うっとり
ただいまっ

めちゃめちゃ暑かった〜もう外ね砂漠かよって
はあ〜死ぬ
あれっ
シミズってばシーツ洗ってくれたの!!
サンキュ〜❤
アイス買ったからあとでたべよっ
おう
ふい〜っ疲れたねえちょっと寝ます
ベッドイン❤
おいっ
待てよシーツ変えたてなんだぞ
…すまないベッドがおれを呼んでる
ちゃっ
ハ〜〜〜!?
ぐう
キメ台詞みたいに言われたのなんかムカつく
僕がせっかく洗ったシーツ!!

3時間後
そろそろ起きたら？
ふわ～
…たくさん寝ちゃった
シャワー浴びずに布団入るなよ
えっ なんで
なんでって汚いし…
シミズの布団で寝てないよ
しれっ
こっちはおれのベッドだし別によくない？
ぶる
ぶる
あん
ほらほら もう考えてないで こっちおいでよ
あぁっ
だめだって そんな…

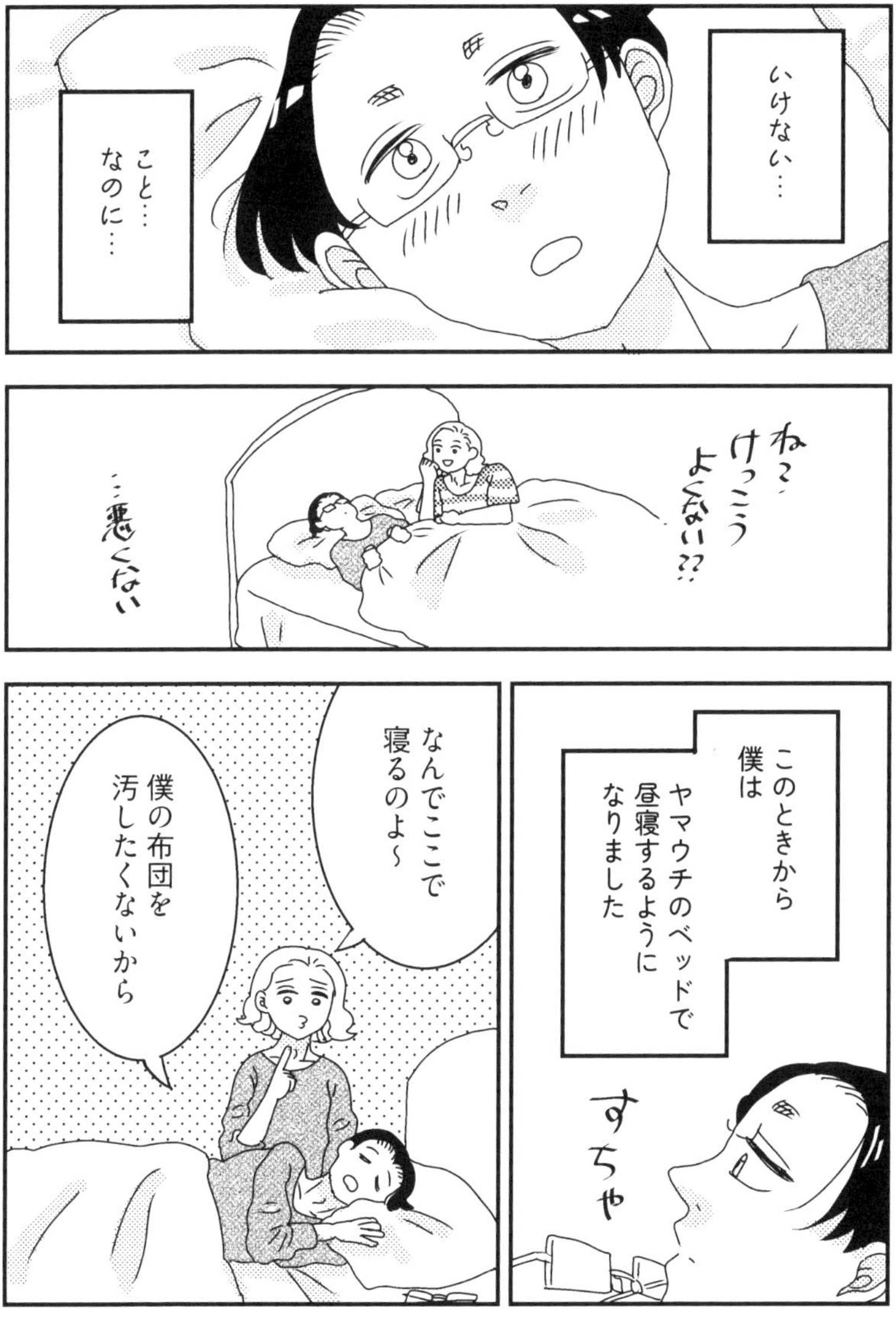

いけない…
こと…なのに…
ねぇ けっこう よくない??
…悪くない
このときから僕は ヤマウチのベッドで 昼寝するように なりました
すちゃ
なんでここで寝るのよ〜
僕の布団を汚したくないから

［漫画］ 山内尚（やまうち・なお）

漫画家。清水えす子のパートナー。エレガンスイブで連載していた『よるべない花たちよ～for four sisters～』が上下巻ともに2024年1月に電子単行本で発売。『クイーン舶来雑貨店のおやつ』『魔女の村』も電子単行本で発売中。『われらはすでに共にある――反トランス差別ブックレット』（現代書館）にエッセイを寄稿、装画も担当している。2024年3月、『ノンバイナリースタイルブック』（柏書房）も刊行。

［文］ 清水えす子（しみず・えすこ）

山内尚のパートナー。エッセイ集に同人誌『魂が貴族』『うるわしき怠惰』があるほか、いくつかのweb媒体に別名義「楽しい人生」で寄稿している。普段は精神科医をしている。

シミズくんとヤマウチくん
われら非実在《ひじつざい》の恋人《こいびと》たち

2024年4月10日　第1刷発行

漫画　山内尚
文　清水えす子
発行者　富澤凡子
発行所　柏書房株式会社
東京都文京区本郷2-15-13
（〒113-0033）
電話（03）3830-1891［営業］
（03）3830-1894［編集］

装丁　髙井愛
装画　山内尚
印刷・製本　中央精版印刷株式会社

ISBN 978-4-7601-5559-0